U0359860

新汽车 新科技

（第一辑）

NEW CAR
NEW
TECHNOLOGY

周晓莺 ◎ 著

机械工业出版社
CHINA MACHINE PRESS

《新汽车　新科技（第一辑）》是盖世汽车 CEO、资讯总编周晓莺女士与汽车制造及汽车零部件行业中外知名专家、知名企业高管的访谈实录。其访谈内容聚焦于产业链发展，探讨当下行业最为关心的话题，期望为汽车行业的健康、快速发展建言献策。本书是访谈的第一辑，访谈对象有行业专家，如付于武；有全球知名汽车零部件企业高管，如佛瑞亚集团首席执行官柯瑞达、采埃孚集团首席执行官柯皓哲等；有我国知名汽车供应商高管，如地平线创始人兼首席执行官余凯、孔辉科技董事长郭川等。本书分为创新时代篇、中国市场篇、新兴技术篇、低碳经济篇四篇，受访嘉宾从四个维度畅谈行业发展现状和趋势、新技术应用和前景、热点领域发展等。

　　本书适合汽车制造及汽车零部件企业管理人员，以及政府主管部门、行业组织、研究机构等工作人员阅读参考。

图书在版编目（CIP）数据

新汽车　新科技.第一辑 / 周晓莺著. — 北京：机械工业出版社，2024.7
ISBN 978-7-111-75954-6

Ⅰ.①新…　Ⅱ.①周…　Ⅲ.①汽车工业 – 技术发展 – 世界 – 文集
Ⅳ.①U46-11

中国国家版本馆CIP数据核字（2024）第111588号

机械工业出版社（北京市百万庄大街22号　邮政编码100037）
策划编辑：母云红　　　　　　　责任编辑：母云红　丁　锋
责任校对：王荣庆　张昕妍　　　封面设计：张　静
责任印制：刘　媛
北京中科印刷有限公司印刷
2024年7月第1版第1次印刷
169mm×239mm・17.75印张・1插页・233千字
标准书号：ISBN 978-7-111-75954-6
定价：99.00元

电话服务　　　　　　　　　　　网络服务
客服电话：010-88361066　　　　机　工　官　网：www.cmpbook.com
　　　　　010-88379833　　　　机　工　官　博：weibo.com/cmp1952
　　　　　010-68326294　　　　金　书　网：www.golden-book.com
封底无防伪标均为盗版　　　机工教育服务网：www.cmpedu.com

序

探索汽车产业的未来之路

在汽车行业的历史长河中，每一次技术革新和市场变革都会带来新的领军企业和行业翘楚。今天，我们站在又一个历史的十字路口，智能驾驶、电动化、网联化、新材料的应用，正在重塑着汽车产业的未来。

在这个飞速发展的时代，汽车行业正经历着前所未有的变革。《新汽车 新科技（第一辑）》一书，正是在这样的背景下应运而生的，这是一本汇集盖世汽车 CEO、资讯总编周晓莺女士与众多汽车产业企业高管深度对话内容的力作。周晓莺女士带领读者深入汽车供应链企业高管的思想深处，一窥行业巨变的脉络。

作为一位长期关注并研究汽车产业发展的行业人，我有幸提前阅读了这本倾注了周晓莺女士和她团队心血的著作，并为这本书撰写推荐序。在此，我愿意与各位读者分享我的阅读体会，以及为何我认为这本书对于理解当下乃至未来的汽车行业至关重要。

本轮汽车产业重构，即面向新能源汽车和智能汽车的转型，可谓百年未有之大变局。这并不是中国汽车产业所独有的，而是全球汽车产业共同面临的重大机遇和挑战。大家对于"汽车产业正在发生重大变革"这一点早已形成共识，各家供应链企业领袖们，也从不同维度对产业变革提出了自己的想法和应对策略。

这些企业在全球汽车产业链中占据着举足轻重的地位，他们的决策和发展方向对整个行业的走势有着深远的影响。在这些对话中，我们不仅能够窥见行业领袖们对于汽车行业未来的洞察，还能深刻感受到他们对于创新、市场和可持续发展的坚定信念。

我们看到，这本书中一系列深刻的对话，都透露出汽车供应链企业领袖们对于创新的不懈追求与深邃洞见，无论是佛瑞亚集团表述的持续创新是企业发展的关键，还是高通中国所强调的硬件＋软件＋生态共同驱动智能汽车发展的理念，抑或是莱科德对于赋能软件定义汽车的重视，每一个观点都凝聚了行业内精英的智慧与经验。

同时，每场对话都是行业高管对汽车产业不同维度的深度剖析。例如，均胜电子的全球化之路，展示了中国汽车企业如何在国际舞台上从"走出去"到"走上去"；安波福提出跟上中国速度，跑在市场变化之前，彰显了在激烈的市场竞争中快速响应的重要性。

2023 年，中国汽车产销量突破 3000 万辆的成绩，不仅是中国汽车产业发展的一个重要里程碑，也是中国汽车工业在全球汽车产业中地位不断上升的有力证明。同时，这一成绩也为中国汽车产业的未来发展奠定了坚实的基础，预示着中国汽车产业将继续在全球汽车市场中扮演重要角色。

我们感受到企业领袖们对于中国市场的坚定信念。无论是舍弗勒集团认为中国是他们要扎根的市场，还是法雷奥中国持续加大在华投资研发力度，抑或是易特驰坚定地看好中国市场，这些声音无不显示出中国市场的独特魅力与巨大潜力。

再则，书中也不乏行业领袖对于产业可持续发展的理解和判断。海斯坦普认为汽车行业低碳减排任务很重要，道默化学认为可持续发展是企业脱颖而出的重要因素。未来的汽车行业将更加注重环保和可持续性，这也在提醒我们，企业在追求技术进步的同时，也不应忽视社会责任，包括环境影响。

通过这些深入的对话，我们不仅能够了解到各个企业在技术创新、市场战略、可持续发展等方面的想法和计划，同时，我们也能够获得关于汽车产业发展的宏观视角，更能够洞察到那些在行业内默默耕耘的企业和个人如何在激烈的市场竞争中脱颖而出，成为引领行业前进的力量。

我向所有对汽车行业感兴趣的读者强烈推荐本书。无论是汽车行业的从业者，还是对汽车行业有深入研究的学者，或是对汽车行业充满好奇的普通读者，你都能在这本书中找到有价值的信息，并得到启发。通过阅读这些与高管的深度对话，我们可以更好地理解汽车行业的发展趋势，把握行业的发展脉络，为我们的决策和行动提供有力的支持。

最后，我想说的是，在汽车行业变革的时代，我们需要以更加开放的心态、更加积极的态度，去拥抱变化，去创造未来。

中国汽车工程学会名誉理事长

2024 年 3 月 1 日

前　言 ···

共赴汽车新时代

听君一席话，胜读十年书。

盖世汽车在 2019 年推出了高端访谈栏目 C-TALK，至今已经成功开展了 100 余场对话。该栏目主要是与汽车行业头部企业和创新企业的关键决策人及行业专家深入对话，和他们一起交流碰撞，聆听他们对于产业变革、技术发展以及企业战略方面的思考和实践，将更多的共识发掘出来，分享给更多人，为国家、产业和企业的发展提供不同的实践样本和宝贵经验。

我们看到的所有成功的企业和成功的掌舵人，背后都有数不清的艰辛和坚持，更有深刻的独立思考和持续的勇敢实践。"没有人能随随便便成功"，这是在百余场对话当中，每次都让我感慨不已的共同点之一。

基于精彩纷呈的对话内容、高屋建瓴的思想观点，以及值得继续挖掘的参考价值，应广大读者和同仁的强烈要求，我们对 C-TALK 栏目内容进行了深度加工，采用对话实录的形式，对各位嘉宾的观点进行了系统化阐释，从而构成了这本"新汽车　新科技"主题系列丛书的第一辑。本书旨在以文字形式凝聚智者观点、指引产业发展方向、预判行业发展趋势，同时也是对我们汽车产业迈向新时代的一个宝贵记录。

在科技日新月异的时代，汽车行业正经历着前所未有的变革。汽车作为人类出行的重要工具，也在科技的推动下发生了翻天覆地的变化。从内燃机的诞生到电动汽车的普及，从自动驾驶的探索到智能交通系统的建设，汽车行业正经历着一场前所未有的革命。面对新一轮科技革命驱动产业发展的趋势，我们需要充分认识到，未来汽车产品将拥有远超产品本身的能力和价值，将对产业格局的重塑带来新机遇和新挑战。

毫无疑问，中国是全球最具发展潜力和包容创新的国家之一，且正在引领汽车行业智能化和电气化的变革浪潮。无论是新能源汽车的推广、汽车电气化的发展，还是对多种替代燃料的探索，都是汽车行业当前和未来相当长时间内的主要任务。同时，汽车产业的智能化变革正在以前所未有的速度推进，自动驾驶和智能互联等领域的突破性进展，不仅为我们带来了更加安全、便捷和舒适的出行方式，也为整个汽车产业的未来发展开辟了新的天地。

中国是全球汽车产业变革的主阵地之一，中国已连续 15 年成为全球第一汽车产销国，更是全球最大的新能源汽车市场，产销量连续 9 年稳居世界首位。此外，随着新势力汽车企业、科技公司等跨界玩家的入局，中国汽车产业充满活力。

从产业格局走势来看，我们可以看到中国汽车行业正处于快速发展阶段。随着政府对新能源汽车的支持力度加大，以及消费者对环保和节能需求的增加，新能源汽车市场呈现出快速增长的趋势。同时，传统燃油汽车也在不断创新和升级，以满足消费者对智能化、舒适性和安全性的需求。

从产业发展趋势来看，中国汽车行业正朝着电动化、智能化和网联化的方向发展。电动汽车已经成为未来汽车发展的主流趋势，各大汽车企业纷纷加大对电动汽车的研发和生产投入。同时，智能驾驶技术也取得了重大突破，自动驾驶车辆已经开始在一些特定场景下进行测试和应用。此外，车联网技术的发展也为汽车行业带来了新的机遇和挑战。

从技术创新角度来看，中国汽车行业在新能源、智能驾驶和车联网等领域都取得了显著进展。企业在电池技术、电机技术和电控技术等方面具有较强的研发实力，为电动汽车的发展提供了有力支撑。同时，很多企业也在智能驾驶技术方面取得了重要突破，推动了自动驾驶技术的商业化应用。此外，国内企业在车联网技术方面也处于领先地位，为汽车行业带来了更多的创新和发展机会。

事实上，未来十年将会是中国汽车行业进行转型升级的关键时期。在这个阶段，中国汽车行业将面临巨大的挑战和机遇。随着全球汽车市场的竞争日益激烈，汽车及供应链企业需要不断提高自身的技术水平和产品质量，以满足消费者对于智能化、环保化、舒适化等方面的需求，这样才能在未来十年内抓住转型升级的机遇期，迎来更加美好的发展前景。

在本书中，我们看到来自佛瑞亚、舍弗勒、伟世通、高通、均胜电子、采埃孚、法雷奥、安波福、莱科德、易特驰、森萨塔科技、保隆科技、地平线、黑芝麻智能、孔辉科技、芯擎科技、马勒中国、海斯坦普、道默化学（排名不分先后）共19家企业的高管们，以及行业领袖专家对于产业变革和创新的深入思考和独到见解。

他们一致认为，变革创新是迎接技术时代的关键。只有不断地自我革新，才能适应市场的变化和消费者的需求。同时，他们也强调了中国市场的重要性，中国已成为全球汽车产业的重要战略市场之一，中国市场的巨大潜力和创新能力将为行业的发展带来新的机遇和挑战。

智能汽车的发展不仅依赖于硬件技术的进步，更需要软件的支持和生态系统的完善。只有在软硬件的协同作用下，才能真正实现智能汽车的创新和发展。此外，持续稳步前进和长期主义对于行业和企业的发展极为重要。在竞争激烈的市场环境下，企业要敬畏市场、尊重竞争对手和遵循发展规律，重视研发和创新，持续突破自我舒适区，才可能穿越一个又一个多周期，屹立不倒，勇立潮头。行业变革对于企业发展是难得的黄金窗口期，很多外资企业在这个阶段，也在持续加大在华投资研发力度，走在产业创新和科技发展的前沿。另外，低碳减排任务已成为重中之重，企业要在电气化、热管理与高效清洁内燃机等方面发力，推动汽车产业的绿色发展。

当然，由于汽车行业的变革速度非常快，我们在书中提到的一些技术和观点可能也会在飞速变化的时代中过时。但我们相信，这本书对于广大读者而言，仍然具有很高的参考价值。它可以帮助大家了解汽车行业的最新动态，把握科技发展的脉搏，激发创新思维，为未来的出行方式变革和社会进步贡献自己的力量。

我要向参与本书所收录对话的企业高管们表示衷心的感谢，正是他们的智慧和勇气，推动了汽车产业的发展和创新。本书中的对话不仅展示了各位嘉宾对于新汽车和新科技的独特见解，更反映了整个汽车行业对于未来发展的共同关注和思考。在这个变革的时代，我们需要不断地创新和突破，才能够迎接新技术时代的到来。我相信，通过这些对话的交流和分享，我们能够更好地应对新技术时代的挑战，共同推动汽车产业的创新发展。

我还要向对本书的写作提供无私帮助的盖世汽车的编辑们表示衷心的感谢。作为这本书的作者，我非常荣幸能够亲眼见证汽车新时代的到来。我还要特别感谢李争光、任雨婷、王玉芹、林品慧、钟琳、解全敏、占亚娥、雷云、刘彩君、熊薇、谭璇、任慧娟、苑晶铭、徐珊珊等人，他们在编辑工作中表现出的专业素养和敬业精神，让我深感敬佩；他们的工作态度和工作效率，都给我留下了深刻的印象。

本书汇聚了众多汽车行业领袖的智慧和经验，他们来自不同企业、不同国家，却有着共同的目标：迎接新技术时代的挑战，推动汽车产业的创新发展。希望本书能够成为您了解新汽车和新科技发展的重要参考书籍，也希望您能够从中获得启发，共同推动汽车行业的创新和发展。书中相关访谈视频请搜索视频号"Gasgoo-Conversation"观看。

祝愿各位读者朋友们在汽车新时代中见识到不一样的风光！

周晓莺

盖世汽车 CEO 资讯总编

目 录

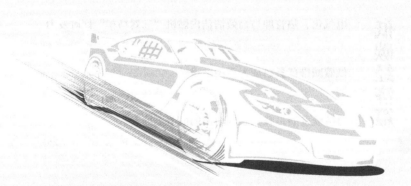

创新时代篇

从内燃机到电动汽车，从传统制造到智能制造，从独立驾驶到自动驾驶，汽车行业的每一个环节都在发生着深刻的改变。这些改变不仅影响着汽车的设计、生产和销售，也正在重新定义人们的出行方式和生活方式。只有不断创新，才能在竞争激烈的市场中立于不败之地。

从跟随者到创造者，持续创新是关键

——对话佛瑞亚集团 柯瑞达

我们见证了过去十年全球汽车行业的颠覆式发展，在电动化、自动化和智能化的浪潮下，汽车零部件供应商的角色逐渐发生了转变，这一转变在全球前十大零部件供应商之一的佛瑞亚集团身上也得以体现。

"在快速发展的过去十年里，整车厂逐渐将创新的责任移交给我们。我认为此前我们是跟随者，但现在我们必须担负起责任。"佛瑞亚集团首席执行官（CEO）柯瑞达先生（Patrick Koller）如是说。

在汽车行业百年一遇的大变革中，如何从跟随者成为创造者？在不确定性成为新常态的今天，如何持续创新？与同是零部件供应商百强的海拉整合，佛瑞亚在背后都有哪些考量？2023年4月，柯瑞达在对话中一一进行了解答。

——→ 周晓莺与佛瑞亚集团首席执行官柯瑞达

 **访谈实录**

——"不确定性成了新常态，持续创新是关键"

周晓莺： 过去三年对每个人来说都非常不容易，特别是对于汽车行业，我们面临着诸多挑战，例如疫情、原材料价格上涨、芯片短缺，甚至是地缘政治局势紧张，这对全球汽车供应链产生了巨大影响，您对此有什么看法？

柯瑞达： 首先，我们必须得区分打击和伤害所有行业的因素，以及影响汽车行业的具体因素。芯片短缺打击了所有行业，对汽车行业也不例外；其次，通货膨胀是所有行业都在面临的现实，不仅是汽车行业，所以我们面临着许多"逆风"。除此之外，汽车行业还面临其他特殊挑战，比如向电气化的巨大转型。汽车电子和软件占汽车总体的比例也在不断上升，汽车行业很快也会进入新的转型阶段，因为中央电子电气架构日益集成化。汽车行业还需要面临二氧化碳减排问题，我所说的减排并不仅仅关乎汽车动力系统，而是与汽车其他所有元素有关。因此，这是一段不确定的时期，这将比我们过去经历的危机持续的时间长得多，但同时它也给我们带来了机会。

周晓莺： 所以您看到了积极的一面。我们来谈谈供应链吧，例如供应链安全，以及对供应链的把控。我们看到一种趋势，即供应链变得更加本土化，例如，在中国为中国，在欧洲为欧洲。贵公司是如何应对这种趋势的？

柯瑞达： 在疫情期间，我认为各国已经认识到了他们对其他国家的依赖。现在流行另一个词，叫独立自主，但我认为很快他们也将意识到，做到完全自主是不可能的，因为自主意味着要花费大量的资金，且我们可能没有足够的人力资源来实现完全自主，因此，我相信我们将更多地利用我们的优势。在自主这一问题上，当我们的依赖程度过高时，我们将进行一些投资以减少这种依赖。但最终，我们还将致力于相互依存，利用我们的优势，加强与其他地区在我们短板上的交流，我认为这种模式很快就会到来，但它不会在一夜之间就发生。与此同时，我们之前已经有本土化的趋势，即在中国为中国，因为我们不仅需要考虑到供应链风险，我们还必须考虑到不同地区的具体情况。不过我们也会留出一部分供应，让其更具弹性，能将我们在其他地区某个时候可能会出现的特殊情况考虑进去，从而能够获得最低的成本。

周晓莺：所以我们需要吸取教训，并且习惯越来越多的不确定性。

柯瑞达：正如你所说，在中国，不确定性已经成了新常态，因为复杂性无处不在。情况越复杂，机会也越少，这就意味着不确定性。诸多不确定性之外，汽车行业可能还会遭遇全球变暖的打击，未来，我们会遭遇越来越多的剧烈影响或事件，它们都与气候变化有关。

周晓莺：尽管有各种外部的、不利的因素，佛瑞亚 2022 年依然实现了两位数的增长，背后的原因是什么？

柯瑞达：助力有很多。首先，我们与汽车行业的大趋势非常一致。在电气化方面，我们的增长非常显著，我们的新订单中有 40% 都是电气化产品；另外，汽车电子和软件产品约占我们新订单量的 30%。就地区来看，快速发展的中国市场和亚洲地区，在全球范围内贡献了逾 50% 的汽车产量，所以对我们也非常重要。同时，我们也是一个非常重要的高端供应商。我所说的高端，是指高端 OEM[⊖]，他们的订单约占我们新订单的 60%。所以，是这些因素在背后

⊖ OEM 是 Original Equipment Manufacturer 的缩写，即原始设备制造商。在汽车行业，OEM 常指汽车整车企业（也叫主机厂），例如长安汽车公司、丰田汽车公司等。

助力，而我们与这些增长动力保持一致。最重要的是，我们与海拉产生了营收协同效应，2022 年，我们与海拉产生了 18 亿欧元的联合订单。这也是我们业绩增长的重要原因，与海拉的联盟为我们带来了协同效应。

周晓莺：佛瑞亚的业务涵盖的范围非常广，目前有没有向某一领域倾斜或侧重？

柯瑞达：电气化、能源管理、自动驾驶以及座舱体验是我们产品驱动的优先事项。佛瑞亚集团的使命是 "We pioneer technology for mobility experiences that matter to people"，对我来说，我们使命宣言中最重要的，具体来说的话，即安全。人们希望有一段安全的旅程，这有关人们的权利，有关出行自由；与此同时，出行自由与可负担性、可持续性是并存的，而这些也是我们所为之奋斗的。人们希望有好的出行体验，希望玩得开心，希望掌控自己的时间，而这些都是我们关注的因素。

周晓莺：您所描述的集团未来的业务重点让我想到了汽车电子，因为汽车电子对于实现上述功能是非常关键的。我们知道汽车电子部门是唯一由佛吉亚和海拉整合而来的业务部门，2022 年该业务对集团的业绩贡献情况如何？未来您对这一细分领域有何期待？

柯瑞达：汽车电子是我们增长最快的业务之一，它与能源管理以及配备雷达的自动驾驶都息息相关。我们的雷达产品非常有竞争力，我们的线控产品，例如线控转向、线控制动等也非常有竞争力，但我不得不说，我们所有业务的增长都很强劲。在汽车照明领域，因为照明有关安全，目前也在经历转型，例如矩阵式前照灯的出现，让人们可以通过软件来分配光线，实现人们心中所想；甚至可以在路上投射关键信息以增加用户的安全。在汽车内部，氛围、照明和新功能方面也有很多变化。当前，汽车座椅、仪表板的设计与此前完全不同，我们所用的汽车材料也与之前完全不同，因为它们需要更环保。汽车架构也不同，因为出于同样的原因，它们正变得越来越模块化。所以，事实上，只要你的产品创新足够具有吸引力，你就可以在行业里取得增长。因此，持续创新非常关键，并且要尽可能缩短新产品的上市时间，为进一步创新提供手段和资源。而我认为，我们在这些方面做得相当成功。

周晓莺：正如您刚刚提到的，汽车行业正向着新能源、新材料和各种新技术快速转型。作为传统的供应商，如何去应对并引领这种趋势？

柯瑞达：在过去 15~20 年，尤其是在快速发展的过去十年里，整车厂逐渐将创新的责任移交给我们。我认为此前我们是跟随者，我们是行业的"分包商"，但现在我们必须担负起责任。我们需要一个更好、更准确的营销策略，需要更懂消费者。而当前我们需要与两类客户打交道，其中一类是整车厂，我们必须让整车厂满意，通过我们的产品让整车厂实现成功。而整车厂实现成功的前提是我们为消费者提供具有吸引力的产品，所以我认为情况变得更复杂，但这对我们来说也更有趣。

周晓莺：与消费者交谈，了解他们的兴趣点，以此来打造产品，或者直接与客户共同打造产品。

柯瑞达：是的，不过不同地区的消费者又不尽相同，我们刚刚谈到了平均年龄，中国汽车行业的消费者相比欧洲来说要更年轻，因此，中国消费者对出行的态度和看法是完全不同的，我们必须适应这些差异。

周晓莺：当公司在经营业务或者研发方面做出了这样的改变，或许也需要在组织结构或者文化上做出改变？

柯瑞达：是的，此前汽车行业非常集中在它最初的基础上，即欧洲为欧洲、美国为美国，亚洲为亚洲。但现在这种模式已经结束了，如果你想为中国消费者做有吸引力的产品，你就必须和中国工程师一起开发。所以我们必须更加分散地管理，去中心化，更贴近消费者，更理解消费者，然后才能吸引他们。

周晓莺：2022 年佛吉亚成立了亚洲区，这是集团跟上本土趋势和创新的方法吗？

柯瑞达：是的，之前在亚洲地区，中国市场对我们来说比较重要，中国市场发展得非常快。但现在不仅中国市场，整个亚洲地区都发展得非常快，当然，亚洲地区主要是由中国和日本整车厂带动增长的。另外，泰国市场我们也需要关注，泰国市场近年来发展得也非常快，这同样得益于中国整车厂，因为他们开始在泰国布局产能。因此，从消费者的角度来看，亚洲市场的潜力依然非常大，毕竟从人口角度来看，亚洲有很多人口大国。所以我们必须更好地理解什么是增长的动力、什么是增长的条件，以及什么能推动本土化。

周晓莺：就地区来看，佛瑞亚在哪个市场的业绩增长最快？另外，您认为未来哪个地区最有增长潜力？

柯瑞达：很明显，北美洲和欧洲都是很成熟的市场，我认为这两个市场的汽车产量都将在 1700 万辆左右，不会超出这个数字太多。1700 万辆是疫情前北美洲市场的汽车生产水平，而欧洲市场的汽车产量已经结构性地减少了，不会再回到疫情前的水平；另外一个产量在增长的市场便是亚洲，亚洲的汽车产量增长超过 50%，其中中国目前的汽车产量水平在 2300 万辆左右，未来有潜力增长到 3000 万辆。

——〉"海拉对我们来说是绝佳的机会"

周晓莺：2017 年以来，我们看到佛吉亚在并购方面非常活跃。对于一家传统公司来说，这是转型进入新领域的非常高效的方式吗？对此您怎么看？

柯瑞达：我认为要在汽车电子和软件领域取得有机增长是非常复杂的，因为方法论、项目管理技能等在不同的领域是不同的。所以你需要快速获得庞大的体量才能生存，进而能够进行自主创新，成为市场上的创造者而非跟随者。所以我们进行了并购，因为我们在汽车电子领域还处于临界点之下。我所相信的创新是使用所有可能的创新手段，并将它们组织成生态系统，所以我们会利用初创公司，只要他们有非常有趣的新技术；我们会与学术界合作、与社区合作来发现真正的好点子；当然我们也会利用自己的资源，将所有的这些资源进行整合，才能为我们带来良好的效果。所以要尽可能地利用各种资源来增强公司的能力。我们需要非常谦虚地认识到，单打独斗要比合作共赢难得多。

周晓莺：那么佛吉亚 2022 年决定收购海拉大部分股权的原因是什么？

柯瑞达：正如我刚刚所说，我们需要发展，需要增加在汽车电子领域的资源和能力。而纯粹的汽车电子玩家是罕见的，所以海拉对我们来说是一个绝佳的机会，因为汽车电子的不同功能是最有趣的。汽车照明同样很有趣，这一领域也处于积极的转型中，且与我们的业务很相近。海拉的第三大业务是全生命周期管理，这是一项 B2C（企业对消费者）业务，也是我们所缺少的业务，所以收购海拉对我们非常有利，不论从产品组合的角度来看，还是从地理角度来看，抑或是从客户组合的角度来看，对我们来说都很理想。并购海拉，我们增加了能力，却不需要进行重组。我非常笃定，考虑到海拉的规模、我们公司的规模，这在并购中是罕见的。

周晓莺：收购后的业务整合非常耗时，通常是一个长期的过程，非常复杂，要做的事情太多，佛瑞亚目前走到哪一步了？下一步又有什么样的规划？

柯瑞达：事实上并不复杂，因为我们是增加了之前没有的业务。以汽车照明为例，海拉照明业务依然存在，只是融入了一个更大的集团，我们将为该业务提供更多的资源，这也意味着我们可以加速海拉此前的照明战略和计划。但它并不复杂，因为它不是整合，更像是对接。

我们唯一的业务整合在汽车电子方面，但此前我们的汽车电子业务与海拉是互补的，我们的电子产品集中在座舱领域，而海拉并非如此。因此，万幸的是我们是互补的。同样值得一提的是，海拉在某种程度上更像一个零部件供应商，而我们更像是一个系统供应商和集成商，这里我们又形成了互补。作为一个系统供应商，通常需要处理生产制造方面的多样性，需要在原材料流动方面非常擅长，我认为我们在这方面做得很好；而作为一个零部件供应商，优势是不同的，零部件供应商通常需要非常关注生产线，零部件的生产，在原材料物流方面关注较少。所以利用海拉在生产过程中的技巧，同时利用佛吉亚在物流管理方面的优势，可以使佛瑞亚在全球范围内更加强大。

周晓莺：所以是互相学习。佛瑞亚新的组织结构和未来业务计划是什么？

柯瑞达：组织现在已经稳定下来了。不过，我们可能会进一步使我们的组织去中心化，赋予各个地区更大的自主权。我们必须更好地平衡资源与地区增长潜力和生产能力之间的关系。

周晓莺：展望未来，比如说未来五年，您对整个集团有着什么样的期待？

柯瑞达：目前，我们在中国的业务为我们贡献了全球销售额的 21%，但我给中国团队下达了一个挑战：将中国区在全球销售额中的比例提升至 30%以上。这意味着，到 2030 年，我们在中国的销售额需要比 2022 年增加一倍以上。中国市场肯定会增长，我认为到 2030 年，中国汽车产量可能会达到3500 万辆。所以我们要和中国团队一起，共同做出决定，例如实现这一目标需要什么样的组织变化、什么样的去中心化，以及我们必须获得什么样的竞争力。这是一方面，也是只针对中国市场。

另一方面，我们给出了 2025 年的市场指引，到那时，我们的营收将超过 300 亿欧元。如果举例的话，在 2021 年，我们的销售额是 160 亿欧元，那么到 2025 年，我们要翻番，当然，这也将通过并购来实现。在 2025 年后的一段时间，我们的销售额目标是 350 亿欧元，我认为这很重要，因为营收上去了，盈利能力也会上去，这样才能继续投资未来、投资研发，有时候还必须考虑投资于你相信的创新技术，即使这些技术短期内不会有回报，因为新技术在市场上的发展是有不确定性的，但最重要的是为未来做好准备。

周晓莺：所以让集团规模更大，更有利可图。

柯瑞达：是的，因为没有资源，你会非常受限。所以在这个充满不确定性的世界里，你必须关心现金管理，关注盈利能力，你必须保持明智，才能更好地投资和发展未来。

一 "中国汽车行业的进步无可争议，但需注意欲速则不达"

周晓莺：2022 年是佛瑞亚的元年，也是佛吉亚和海拉各自进入中国市场的第 30 年，时间过得真快！一路走来，您有何感触？

柯瑞达：是的，2022 年是我们进入中国市场的 30 周年。我为我们的团队感到自豪，我们中国区团队非常忠诚，非常高效，就拿过去的疫情三年来说，我们无法旅行，我们只能依赖当地的团队，所以当时中国区必须非常自主，当然他们再次证明了，他们不仅能够很好地处理这种自主权，同时肩负起了责任，并且交出了很好的成绩。这也是我传递给中国团队的信息，即感谢，因为在一个去中心化的组织中，拥有这样的信心是不常见的。

周晓莺： 在过去两年您无法来到中国的时候，有什么让您印象深刻的吗？

柯瑞达： 我想你说的是中国市场的变化。在正式对话前我们也简短地讨论过，对我来说很有趣的是，中国汽车市场找到了自己的中国特色风格，这从路上的车就可以看出来。当我来到上海，飞机落地，在从机场到酒店的路上，我看到的大多数汽车我都不认识。

周晓莺： 是新的品牌吗？

柯瑞达： 新的品牌，新的造型，许多中国的国产车，并且有很多绿牌。我认为在我 2019 年 11 月来这里时，情况还并非如此。然后，在上海车展上参观了不同的整车厂后，我意识到中国汽车行业在工艺、质量、设计、颜色、材料选择上的进步，以及其乐于展示美或者奇特的风格，比如和孩子更相关的东西、与年轻人更相关的东西。我看到了一种不同的营销方式，但是质量很高。如果说有什么值得担忧的话，我认为中国汽车行业的进步是无可争议的、非常明显的，但中国汽车行业需要注意一点：不能将速度和匆忙混为一谈。

周晓莺： 速度和匆忙？

柯瑞达： 是的，这两者并不是一回事。速度是积极的，有组织的，匆忙则有更多的风险和不确定性。所以我认为，因为中国市场的竞争非常激烈，不同的品牌和车辆非常多，可能会让消费者有点困惑。这是一场永久的竞赛，为消费者创造惊艳的产品，但消费者最后只会为最畅销的车型和品牌买单，所以这很危险。因为消费者对品牌的忠诚度不高，如果你是胜利者，你就能赢得所有消费者；如果你是输家，你的销量会跌得非常厉害。这是我担忧的一点，我认为这可能需要监管。在我看来，这种品牌多样性的代价太大了，需要找到最优解。

周晓莺： 是的，2023 年初，中国汽车市场上大约有 132 个品牌，而现在超过 45 个品牌都加入了价格战,这可能会让消费者非常困惑。正如您刚刚提到的,消费者会持币观望,然后购买最具竞争力的车型,但届时大多数品牌都是输家,所以这更像是一次筛选,筛掉大多数品牌的一个过程。

柯瑞达:就我而言,任何与"战争"有关的东西都是负面的,当出现价格战时,消费者会怎么做?他们会持币观望,会等到市场触底时才购买,所以他们会在价格再次开始上涨时购车。所以当打价格战时,会在销量没有增加的情况下减少利润,单车减少的利润并不会被更多的销量所弥补;而当价格再次上涨时,也不会从中受益,因为届时大家又在同一条起跑线上。所以价格战必须停止,我认为这对行业没有好处,我相信所有行业的参与者都能认识到这一点。

周晓莺:是的,从长期来看,这对品牌是损害。

柯瑞达:是的,价格战叠加"匆忙",可能会加速整合。

周晓莺:所以这具有两面性,我们应该考虑。我想当我们谈到中国市场的速度时,也带来了对本土化的高要求,特别是在研发方面,佛瑞亚目前在中国的本土化情况如何?

柯瑞达:如我刚刚所说,我们必须在中国为中国,因为我们必须更好地理解消费者,这很关键。我们还需要对市场规模做出反应,例如,如果欧洲汽车产量在 1700 万辆,中国汽车产量在 2500 万辆或更高,我需要相应地调整我的资源。

周晓莺:当前中国的整车厂非常热衷于"出海",特别是"出海"欧洲,或者是其他海外市场,我们会看到很多中国电动汽车品牌走向国际市场,您认为这是一个机遇吗?您如何看待这种现象?

柯瑞达:我认为第一个机遇在小型城市电动汽车领域,因为欧洲的整车厂没能提供可负担的、具备竞争力的小型城市电动汽车产品，不过，欧洲的OEM 已经意识到了这一点，并且已经开始采取措施。因此，中国电动汽车品牌要在欧洲高端市场赢得市场份额不会很容易，但也并非不可能。事实上，欧洲的车辆细分市场与中国相同，从我 2023 年所看到的，对中国消费者具有吸引力的产品可能也会同样吸引欧洲消费者。但在美国，情况就复杂得多，因为美国的车辆细分市场不同，美国的消费者对皮卡车型非常热爱。所以我认为，对中国来说，要在美国市场夺取市场份额不会很容易，可能在欧洲市场会更容易。

周晓莺：我们刚刚也提到，中国实际上是在销售一种生活方式，而非产品。

柯瑞达：是的，很明显。首先我认为中国汽车消费者非常年轻化，他们买的是消费品，买的是一种生活方式。也正因如此，他们会接受所买的汽车产品可能不会使用很久，因为正如消费电子产品领域一样，也与他们的生活方式演变有关。在欧洲，汽车消费者年龄要大得多，二手市场对年轻买家来说非常重要，因为他们将汽车看作一种资产，所以汽车本身的价值才是重要的，而非最新的汽车电子、功能和 App 等，这些对欧洲消费者来说没有那么重要。

周晓莺：除此之外，您认为中国市场还有何独特之处？

柯瑞达：中国市场取得的进步最令我印象深刻，我很难找到合适的词来形容。但我感觉中国找到了自己的风格，这种风格更复杂、更优雅。我的印象是中国和欧洲之间的分歧在不断缩小，以汽车为例，我很笃定中国生产的最新一代汽车对欧洲消费者来说也将很具有吸引力。三年前，情况可能并非如此。另外，值得一提的是，欧洲还存在一定的保守主义，从汽车的设计就能看出来，但这也是因为欧洲人将汽车看作一种资产，而在中国，车辆之间的差异让人耳目一新。新的设计让人印象深刻，你生活在这里可能无法明显感受到你们在如此短的时间内做出的改变，三年通常是一款汽车的开发时间周期。

周晓莺：你们是否会继续在中国投资，例如与更多的OEM和零部件供应商合作，以服务当地市场？

柯瑞达：是的，明天我会飞去丰城，我们在那里新建了一家最先进的汽车电子厂，规模非常大，它不仅为我们带来了新的产能，而且在环境标准方面也树立了新的标杆，例如新工厂的能源自给自足，这只是一个例子。本周，我们也与中国的潜在合作伙伴进行了讨论，因为正如我所说，我们相信合作比单打独斗更好。中国有很多企业都非常擅长自己的领域，尤其是在建立密切关系、了解当地需求方面。

——"对地球有益的事情也会对公司发展有所助益"

周晓莺：2022年6月，科学碳目标倡议组织（SBTi）批准了佛瑞亚净零排放目标，使得佛瑞亚成为全球首个净零排放目标获批的汽车零部件企业，为此你们做了哪些努力？

柯瑞达：这要从我们的信念开始说起。很多人都在试图定义一家公司的使命是什么，我认为公司的使命需要跟随环境的变化而变化，随着正在发生的事情而变化。我们可能更愿意称之为信念，因为信念没有国别之分，所有人类都有信念；也与文化没有直接关系。全球变暖可能是人类面临的挑战，我们不能忽视它。现在的事实清楚地表明，全球变暖与人类活动息息相关，所以我们必须行动起来，为了我们的孩子，为了我们的下一代。因此，我们很早就决定参与其中，我们制定了精确的行动计划和明确的策略，这让我们足以获得

SBTi 的批准。我们甚至创立了一个新品牌——MATERI'ACT（迈极瑞），负责将原始材料与回收材料以及生物基材料结合在一起。如你所知，生物基材料是负碳足迹的，也正是因为生物基材料的这一特性，我们才有望在 2045 年实现净零碳排放，但我们刚开始行动的时候并未计划得这么远，一切只是起源于我们强烈的信念。但过往经验表明，对地球有益的事情也可能关乎公司的损益。

周晓莺：在可持续发展方面，佛瑞亚有着什么样的长期目标和规划？

柯瑞达：首先我们有净零碳排放目标，这个目标依然很遥远，因为净零碳排放并不是那么容易实现的，因为你不仅需要考虑产品生产过程中的二氧化碳排放，还必须考虑你所销售的产品在使用过程中的碳排放。

周晓莺：您是说产品的整个生命周期？

柯瑞达：是的，所以我们会继续为之努力。无论我们做什么，都会努力寻找可持续的解决方案。未来我们可能也会看到碳排放成为一个流动的市场，因为有些企业可能无法达到碳减排目标，所以需要购买二氧化碳排放许可，而这也将再次成为公司竞争力的一部分。因此，我认为，对地球有益的事情、我们必须参与其中的问题，也会对公司的发展有所助益。

周晓莺：有道理。氢能也是帮助实现碳中和的解决方案之一，佛瑞亚在氢燃料电池领域有哪些最新进展？

柯瑞达：纵观全球的能源战略，我们追求的是通过不同的方式产生电力，我们有天然气来储存能量，但问题是天然气是碳化的，所以我们必须找到天然气的替代品，而唯一的零二氧化碳排放替代品就是氢气。所以我们会生产可再生能源，然后把这种可再生能源转化为氢，氢可以储存起来随时使用，而可再生能源是间歇性的，所以氢能源肯定会普及。将氢能源用于移动出行实际上是用燃料电池系统来代替蓄电池，采用燃料电池的电动汽车依然会是一样的，它的动力系统架构是一样的，唯一的区别是电能不是储存在蓄电池里，而是通过氢的使用产生的。由于中国是全球电动汽车的领军者，所以向氢能源转型并不是中国的首要任务。除此以外，这还因为中国明智地还没有决定禁售燃油汽车，相反，中国提出了一些替代方案，例如增程式电动汽车等，我认为这很明智。但氢能源会首先应用在重型汽车上以及工业领域中，但稍晚些时候，氢能源也会应用在乘用车出行领域，因为我们必须达到零排放。从地区来看，氢能将先从欧洲开始应用，然后在美国进行大规模发展，我认为第三步将是在中国。

周晓莺：所以您描绘出了氢能开发过程的整体情况。当我们谈论所有领域的高科技时，实际上一切都需要人才来完成，人才是大公司最宝贵的资源，尤其是在一个快速发展的行业。佛瑞亚有着怎样的人才观？

柯瑞达：首先，让我们谈谈女性人才。女性占世界人口的比例略高于50%，因此，超过50%的人才都是女性，如果不从如此庞大的女性人才中受益，那将是荒谬的。因此，我们正在考虑将性别多元化作为我们在世界各地的优先事项之一，包括在中国。然后，我们需要有信念，因为年轻一代希望赋予他们的工作一些意义，需要处理好工作与生活的平衡。相比于过去几代人，年轻一代有不同的愿望，你需要培养他们，他们需要接受培训，很明显，他们在职业生涯中会有不同的目标。从人才的角度来看，中国特别有趣，如果我没记错的话，你们2023年有1100万毕业生，在中国，这些毕业生要找到他们期望的且与所学专业相关的工作并不容易，所以我认为中国有巨大的人才储备，这对我们来说也很值得关注。我认为在中国寻找我们想要的人才会比在其他一些地区容易，这也是一个优势。同时，这也是一场战斗，你必须为吸引人才而战，为留住人才而战，这对公司的发展是绝对有必要的。因此，你必须具备吸引力，现在不是三五十年前了，那时是你选择人才，而现在是人才选择你。

周晓莺： 您这次来中国出差，想必已经见过很多中国客户了，对于那些无法亲自见面的人，您有什么想要表达的吗？

柯瑞达： 我想再次表达我对中国取得的巨大进步的惊讶之情。你们倾听需求的方式也给我留下了深刻的印象，在我看来，这是你们与世界其他地区的不同之处。我愿与中国合作伙伴进行更强有力的合作，以支持他们正在准备的下一步行动。

🌐 **企业介绍** ●---

佛瑞亚（FORVIA）集团是全球第九大汽车技术供应商，整合了 FORVIA SE（佛吉亚）与海拉的互补性技术和工业优势，拥有 6 个事业部（包括座椅、内饰、汽车电子、绿动智行、照明和生命周期解决方案）以及超过 13400 项专利，在全球 40 多个国家拥有 260 多家工厂、78 处研发中心和 150000 名员工（包括 15000 名研发工程师）。以 We pioneer technology for mobility experiences that matter to people 为使命，佛瑞亚为应对现在和未来的汽车行业挑战提供独特而全面的解决方案，致力于成为全球 OEM 首选的创新和整合合作伙伴。

中国，是我们想要扎根的市场

——对话舍弗勒集团 马迪斯·青克

随着"新四化"的浪潮席卷而来，全球汽车产业站在了转型的关键节点，不断探索智能电动汽车和未来交通出行的新发展。在向电动化和智能化转型的过程中，挑战与机遇并存。作为创新驱动的引领者，舍弗勒集团无惧挑战，把握机遇，致力于通过创新技术为交通出行打造一个更高效、更智能、更可持续的未来。

2023 年 11 月，盖世汽车对话舍弗勒集团汽车科技事业部首席执行官马迪斯·青克（Matthias Zink）先生，一起聊了聊舍弗勒在"新四化"浪潮下的思与行。

———> 舍弗勒集团汽车科技事业部首席执行官马迪斯·青克与周晓莺

 **访谈实录**

周晓莺：舍弗勒是一家拥有 70 多年历史的公司，您能简单介绍一下舍弗勒目前的核心业务，尤其是汽车科技事业部的业务吗？

马迪斯·青克：从今天或者这十年来看，舍弗勒可能正在经历有史以来最大的转型。我们正在向全新的移动出行转型，向电驱动转型。这是一个很有趣的时代。

周晓莺：对于转型，舍弗勒目前的具体策略是什么？

马迪斯·青克：从我负责的汽车科技事业部来看，我们有两个重点关注的领域。其中一个是低碳驱动，包括电驱动；另一个是与自动驾驶相关的底盘产品。这就是我们目前重点关注的两个领域。

周晓莺：这贴合了汽车行业目前的主流趋势——电动化和智能化。那么舍弗勒在这些方面已经取得了哪些里程碑式的成就？

马迪斯·青克：我们有非常创新的产品，特别是在电驱动领域。创新就是一切的开始。我们的订单量很好。例如，我们在 2022 年获得了 50 亿欧元的新订单（电驱动领域），这是对我们战略的巨大肯定。我们不仅提供电机，也提供电驱动桥产品。我们将在 2025 年投产首个电机控制器。总之，我们在电驱动领域非常成功。

周晓莺：舍弗勒目前面临着怎样的挑战？

马迪斯·青克：我们面临的最大挑战可能是市场的不确定性。在全球范围内，或者说在全球汽车市场背后，围绕内燃机开展的业务仍然很多。而与此同时，一些国家和地区正在迅速向电动化转型。

那么问题是，我们采取怎样的战略？内燃机产品还要保留多久？何时向新产品转型？我们的答案很简单，就是保持技术中立。我们关注所有不同的市场，与所有的客户进行互动，就像我们在研讨会上做的那样。然后，我们努力在所处的每一个业务领域进行创新。

周晓莺：我有一个很好奇的问题。即使宏观趋势是确定的，但市场是非常多样化的。如果我们从全球市场来看，欧洲、美国和亚太市场，舍弗勒如何适应不同的需求？

马迪斯·青克：是的，并没有放之四海而皆准的技术。因此，我们注意到，有些汽车制造商已经开始实施全球资源配置战略，他们将内燃机业务转移到印度、巴西和东南亚地区。我们在所有这些市场都设有工厂和研发团队，因此，我们只需跟随这一战略即可。

位于德国纽伦堡赫尔佐根奥拉赫的舍弗勒集团总部

就其中一些国家和地区来看，比如欧洲地区制定了"绿色协议产业计划"，甚至计划从 2035 年开始禁售内燃机新车，所以在欧洲，我们把重点放在电驱动业务上。美国的情况比较复杂，一方面美国消费者非常热衷于电动汽车，但另一方面大型和重型 SUV 依然存在。而中国则非常积极、迫切地向电动汽车转型。我们就是这样分配资源和开展业务的。

周晓莺：今天，由于行业竞争，一些项目实际上无法轻易维持高利润。如果必须做出选择，市场份额和利润哪个更重要？

马迪斯·青克：都重要。我想这是个很难回答的问题。

周晓莺：但有时必须做出选择，对吧？

马迪斯·青克：有些时候，你不得不放弃某个项目，因为它根本无法为公司的业务发展做出贡献。但不总是非黑即白的，无论盈利能力还是市场份额，最好两者兼得。我们非常清楚，我们必须获得投资回报。但正如我所说，由于我们高度垂直整合，我们有能力很好地管理我们的成本。即使与纯本地企业相比，我们有一些财务准则，要求我们不能继续某个项目，或参与某个竞标，但是，如果你有创新能力，能提供创新产品，有独特的竞争力，同时能尽可能保证成本优势，那么任何项目都不会是一个艰难的选择。

周晓莺：我认为这是非常明智的做法，因为我们也注意到，中国 OEM 越来越注重质量。他们需要找到创新卖点来赢得市场份额，价格战不是一个好的竞争方式。

马迪斯·青克：这至少不是唯一的决策标准，对吧？

周晓莺：是的。汽车行业的动态调整期会出现大量的并购活动，舍弗勒近期也向纬湃科技提出了收购要约，您能否提供更多相关信息？

马迪斯·青克：是的，我想这也是这个行业的特点，尤其在当前快速转型的背景下。我们看到，在最近几年或者过去十年里，行业里发生了很多这样的交易。至少在我负责的汽车事业部，我们也进行了一些小规模的收购，比如收购了一家电机设备制造商。三周前，我记得是 2023 年 10 月 9 日，我们决定对纬湃科技发起收购要约。我们为什么要这样做？因为纬湃科技是一家电子和电控系统开发商和生产商，这次收购是我们电驱动及未来移动出行业务发展的重要组成部分。

随着收购要约的发出及之后收购完成，我们将形成技术互补，进一步增强舍弗勒在电子和电控领域的能力。目前，我们都是从供应商那里购买相关产品。但由于舍弗勒已经持有纬湃科技的大量股份，我们决定再往前走一步，发出收购要约。最终目标是拥有电子和电控相关能力。

周晓莺：这一举措有利于扩充舍弗勒的产品组合。

马迪斯·青克：是的。你会发觉，所有电子产品和软件方面的功能整合，都是未来必不可少的部分。

所以，并不是你从供应商那里买来控制单元，然后安装到电驱动桥上就可以了。未来将会出现越来越多的系统集成，包括热管理、充电设备等，大量电子电气功能与机械和机电部件无缝结合。拥有电子电气相关能力至关重要，这是一种战略性决策。

周晓莺：我们注意到这对双方都是一个很好的举措。

马迪斯·青克：完全正确。我们也是这样认为的。

周晓莺：作为一家全球企业，舍弗勒一直践行本土化战略，能否介绍一下这一战略的具体情况？

马迪斯·青克：我们称之为"本土资源服务本土市场"。舍弗勒成立于德国，总部也设在德国。但一直以来，我们给予各区域许多鼓励和授权。比如，我们在中国就有 1000 多名研发人员。

我们在中国拥有九座汽车工厂和完整的价值链，本地化率超过 95%，拥有自制的特殊加工设备和模具中心。凭借这些优势，我们就能在不同区域和市场上拥有非常高的灵活性和成本竞争力。这无疑是一个先决条件，尤其在中国市场。

周晓莺： 中国汽车市场历来讲求速度，但除此之外，中国本土 OEM 对产品性能创新和成本都有更高的要求，舍弗勒如何从中取得平衡？

马迪斯·青克： 这是个好问题。

首先，归根结底是竞争力的问题。我们当然要有竞争力，但在汽车行业，我们在成本方面也要有竞争力。舍弗勒的核心价值观之一是创新，所以我们要提供创新产品，提供独一无二的产品。我们希望以具有竞争力的成本提供满足未来需求的产品。

当然，竞争是激烈的。但从另一方面来看，谁能提供电驱动技术、快速充电技术，以及新的移动出行技术，谁就能够被选为供应商。这就是我们面临的竞争，也是关于成本的竞争。创新方面的竞争同样具有挑战性，这正是我们举办技术研讨会的目的，我们向客户展示创新技术，并就未来的产品进行深入探讨和交流。

这可能是竞争带来的好的一面，但它仍然是竞争。我们会正视竞争，并接受挑战。

周晓莺： 是的，没错。我们看到，中国不仅是一个巨大的市场，也是一个新技术的创新领域。这是一个试验场。您如何看待这一点？

马迪斯·青克： 对我来说，我曾经有幸在中国工作超过两年，中国实际上是最具创新性的市场。如果我回想一下十年前中国本土企业与全球企业竞争的情形，再看看现在中国本土企业的发展，我不得不说，我非常钦佩中国 OEM 的发展方式，非常敏捷、快速且具有创新性。

因此，对我们来说，中国绝不是一个试验场或测试场，它就是我们想要扎根的市场。当我来到中国时，我不是来给员工提供建议或者指导的，而是来向这个市场学习的。我们在中国看到这些本土品牌的电动汽车，看到上面采用的信息娱乐系统的便利性和观感品质等，不难发现，中国汽车工业已经取得了巨大成就。

周晓莺：我们目前正在苏州参加舍弗勒的技术研讨会，2023 年，舍弗勒带来了什么样的创新解决方案和产品？

马迪斯·青克：我们展示了两个重点领域的创新产品，也就是动力总成和底盘应用，包括底盘执行机构，以及新的移动出行技术，还包括自动驾驶出租车等。

我们展示了电机创新产品和电驱动桥创新概念。我们展示了后轮转向系统，也是全球首个同类产品。我们几周前在中国为本土 OEM 启动了生产线。我们还展示了线控产品，是全新的人机界面，不需要方向盘。

周晓莺：没有方向盘？

马迪斯·青克：是的，没有方向盘。你可以用摇杆来开车。

此外，我们还带来了许多试驾车辆。我们展示了可变阻尼减振系统（VDS）。我们还展示了面向重型商用车的电液助力转向系统（e^2HPS）。所以，完全可以称此次技术研讨会为一场创新盛会。在接下来的几天里，将有近 700 名客户参与其中。所以说，这将是一个大型的创新盛会。

周晓莺：舍弗勒本地研发团队是否有一些自主研发的解决方案可以应用于

全球市场？

马迪斯·青克： 我们有一些案例，包括技术发明、创新和产品开发最初都是在中国完成的。例如，用于人员运输的 Mover 技术、自动驾驶出租车技术等，也就是动力传动和线控相关的技术。我们中国团队开发了 e^2HPS，面向重型商用车的电液助力转向系统。我们还在开发可变阻尼减振系统（VDS）并获得了第一个客户项目。这充分说明，我们在中国的团队了解本土需求，从而能够成为客户的供应商，并得到充分授权和鼓励进行自主开发，甚至技术发明。而且我们还将这些产品应用到世界上的其他市场，这也是中国团队进行主导开发的例子之一。

周晓莺： 舍弗勒早在 20 多年前就进入了中国市场，并在中国市场持续投资。舍弗勒会继续在中国市场加大投资吗？

马迪斯·青克： 这点毋庸置疑。我们会加大投资，但不是为了做而做，而是因为我们坚信中国仍将是体量巨大的市场，也是全球最大的汽车市场。

在这里，还有许多创新技术在不断开发中，其速度和灵活性令人赞叹。我们必须扎根于此，并向中国市场学习。正如我在一开始所说的，我们想要在成本上具有竞争力，就必须尽可能加深本土化。因此，从研发，到工厂以及本土供应链，我们将继续在中国加大投资。

周晓莺： 舍弗勒未来三年在中国市场的战略是什么？

马迪斯·青克： 未来几年里，我们的业务主要聚焦在电驱动领域。另一方面，内燃机技术也将进一步得到发展，包括在乘用车和商用车上的应用。此外，自动驾驶、新的转向概念，以及线控技术也将是未来的主要战略重点领域。今天，我们已经可以看到这些创新技术的未来发展方向。

周晓莺： 是的。您亲身体验过中国品牌的电动汽车吗？

　　马迪斯·青克：2023 年我体验过两次。第一次是在上海车展期间，就在我们上一次见面的时候。我体验了大约 15 辆不同的电动汽车，主要是本土品牌车型，这些车型引起了我极大的兴趣。2023 年六七月，我把全球汽车管理团队带到了中国，我们又试驾了一次。我不得不说，本土品牌不仅仅在信息娱乐系统、本土需求方面做得非常出色，同时，质量水平、观感和外观都具有非常高的水平，与国际品牌相比也有绝对的竞争力，我非常确信这一点。我的管理团队来到中国的时候也有相同的看法。所以在出差时，我总会开一开当地品牌的车型，以获得最前端的反馈。

　　周晓莺：在近期的慕尼黑车展（德国国际汽车及智慧出行博览会，IAA MOBILITY）上，我们看到很多中国品牌，他们非常愿意走向国际市场，特别是欧洲市场。如果他们想进入欧洲市场，您认为他们需要提前做哪些准备？

　　马迪斯·青克：我想中国 OEM "出海" 时肯定需要当地供应链的支持，我想这正是像舍弗勒这样的全球企业的优势所在，因为我们拥有全球化的布局。

　　所以说，如果中国本土企业走向全球，我们已经在相应的市场，在欧洲、美国、巴西以及东南亚地区都有布局，所以我们肯定会支持他们 "出海"。他们已经具备了进入全球市场最起码的条件，包括品质和品牌认知方面，中国 OEM 已经达到了一定水平。认证等所有其他必备条件，我想他们也都已经具备了。然后就是在全球市场中如何保持中长期竞争力，这意味着要进行供应链和生产能力建设。但我相信中国 OEM 有能力做到这一点。

　　周晓莺：是的，当中国汽车企业 "出海" 时，像舍弗勒这样的全球企业可以提供很多帮助，无论是在本土布局、研发还是售后支持方面。

　　马迪斯·青克：当然。正如刚才所说，包括销售渠道和营销推广，他们都具有能力。剩下的就是与合适的供应商进行合作。我们已经为此做好准备。

周晓莺：另一个问题是关于人才的。我们知道企业之间的竞争都是人才的竞争。舍弗勒的人才战略是怎样的？

马迪斯·青克：这可能是目前最大的挑战，也就是如何找到合适的人才和人力资本来实施所有的战略和想法。

但我不得不说，我们在中国拥有强大的团队精神。我们在这里践行舍弗勒的价值观。总部也给中国团队提供充分的授权，包括我自己也这样做。我们对本土团队非常信任，给他们很高的自由度。我们的本土管理团队在中国市场建立了强大的品牌形象和企业文化。所以，大家都乐意在舍弗勒工作。再说回来，我认为如果有创新文化，有良好的企业文化，就能吸引人才，留住人才。舍弗勒就是如此。

因此，近 20 年来，我和团队都在密切关注人才问题。团队变得越来越强大，这也将大家紧密团结在一起。我们不担心对人才的吸引力，更重要的是如何以所需的速度壮大和提升团队。在中国，我们在吸引人才和留住人才方面做得很好。

周晓莺：我所接触的舍弗勒团队真的非常棒，因为他们大多数人对创造价值和为客户提供最佳服务抱有极大的热情。这就是企业文化的力量。

马迪斯·青克：这就是企业文化的力量，包括我们的价值观。卓越、激情、长远和创新，是我们一直强调和不断传承的四大核心价值观。让人非常称赞的是，我们的员工每天都在积极践行这些价值观。我们的团队相互信任，紧密协作。随着时间的推移，员工有机会通过参与新产品开发来发展自己的职业。我说过，他们可以在舍弗勒进行发明创造。每个人都可以享受很大程度的自由度，团队也享受这一点。我们有一个优秀的管理团队，愿意让员工发光发热,不断成长。

周晓莺: 这对吸引人才非常重要。

马迪斯·青克: 是的。

周晓莺: 希望舍弗勒能继续在中国和全球取得好成绩。

马迪斯·青克: 非常感谢。

 **企业介绍**

——

舍弗勒集团是一家专注驱动技术的科技公司,提供覆盖整个汽车动力总成及底盘应用的高精密部件与系统。凭借超过 75 年在发动机、变速器、底盘及电驱动领域积累的技术专长,舍弗勒提供丰富的产品和技术解决方案,满足不同程度车辆电动化及不同场景智能驾驶应用需求。

舍弗勒集团 2023 年销售额约为 163 亿欧元,目前约有 83400 名员工,是全球大型家族企业。舍弗勒自 1995 年开始在中国投资生产,目前在中国拥有 2 个研发中心、13 座工厂及 20 个销售办事处。秉承"本土资源服务本土市场"的理念,舍弗勒致力于本土生产和本土研发,为客户提供高品质产品与近距离服务。

持续稳步前进，为行业输出新技术

——对话伟世通 韦巍

在智能化、电动化等浪潮下，新技术和新趋势层出不穷，汽车电子行业也是如此。"电子行业有个特点，就是每隔两三年就会有新技术冒出来，这个时候就要去选择哪个是好的方向、哪个是对的方向。选择对了，今后三年会相对发展得比较好一些；选择错了，可能就要沉寂两三年。"伟世通中国区总裁韦巍说道。

那么当新技术涌现的时候，如何去做出好的、对的选择？做出选择后，又如何在新赛道获得一席之地？2022 年 9 月，伟世通中国区总裁韦巍用伟世通自己的发展故事为这一问题交出了答案。

——> 周晓莺与伟世通中国区总裁韦巍

一　行业浪潮下的转型

周晓莺： 智能化、电动化浪潮已经席卷汽车行业多年，对于产业的变革是极其深远的。虽然总量是微增的，但其实现在的汽车产品和原来的汽车产品已经完全不一样了。所以，伟世通也在浪潮里面做了很大的转型。

韦巍： 对，确实是这样的。先允许我简单介绍一下伟世通。伟世通是一家具有悠久历史的公司，脱胎于福特汽车公司。一路转型过来，甚至经过涅槃重生，我们最终聚焦在汽车电子。

最初，我们擅长的是仪表，客户当时是冲着伟世通的仪表业务而来的。接着从机械仪表转型到新型的电子仪表或者数字仪表，并逐步从世界第二位提升至第一位、并列第一位或者单独第一位。

正是基于硬件、软件以及安全方面的专业技能和知识，我们能够更进一步发展在汽车电子领域的其他业务，同时也建立了在全球以及在中国相对领先的地位。

除了开始的仪表业务之外，这两年我们也在大力发展座舱域控制器的概念。在这一技术领域，我们其实是倡导者。我们最早提出了这个概念，当然也是和客户一起一代一代地发展产品，到现在已经进入第三代，也正往第四代新技术发展。

伟世通 SmartCore™ 座舱域控制器

周晓莺：这些都跟汽车变得越来越智能息息相关。在消费端，大家也在讨论屏幕越多越好以及屏幕的智能功能。那么，怎样的智能座舱才算有好的体验？韦总能否分享一下您的看法？

韦巍：先从屏幕的角度来说。很多人认为，屏幕要多、要大，边框要窄，整个屏幕看不到边框最好，分辨率也要高，但所有的这些需要很高的成本。那么，消费者买车的时候，愿不愿意付这么多钱？

因此，从屏幕的角度来说，我们的想法是，如何通过软件弥补硬件的不足。如果全部用 OLED（有机发光二极管）屏幕，成本也承受不住。那么有没有一种折中的方式，通过软件的方式帮助普通的屏幕实现接近 OLED 屏幕的效果？这也是我们在屏幕技术上做的一个创新。我们通过软件全系统地动态调整，可以控制屏幕的对比度、亮度和眩光，我们称之为 Local Dimming（局部调光）技术。有一些车型已经开始使用这一技术，我们也非常希望有更多客户可以用到这个产品。

另一个角度就是，在连接这些屏幕的时候，如果数据传输有卡顿，就会感觉很不舒服。这就涉及传输速度，而传输速度取决于主芯片的算力以及软硬件架构是否合理。在这方面，伟世通结合多年的软硬件能力，把系统优化到极致，所以我们所做的产品是具有世界领先性的。举一个例子，前些年，我们在座舱域控制器领域还排名第三，但在2023年，我们的出货量已经排全球第一。

周晓莺： 因为团队做了很多的突破性研发和应用，对吗？

韦巍： 对的。我们这一代的域控制器主要采用的是高通8155芯片，走在了世界前列。我们通过全球的网络，在美国、印度、中国共同开发软件系统，而硬件主要在中国开发。中国的年轻消费者在买车的时候，对智能交互还是有很多要求的，而且这方面的要求完全领先于其他国家。所以，我们在中国所做的产品不单单是在中国制造，而且是在中国创造新的技术，进一步发展，并同时运用到全球市场。

⟶ 预判技术趋势

周晓莺： 中国市场发展得这么快的原因之一是每家企业都很拼命、努力地向前。目前，中国自主品牌市场份额不断提升，对供应链的要求也更严，既要能够越快越好，又要成本优势，还要高质量服务，这是一个非常高的标准。作为一家外资企业，伟世通怎么去应对？

韦巍： 对于像我们这样的企业来说，这两年确实面临很大的挑战。电子行业有个特点，就是每隔两三年就会有新技术冒出来，这个时候就要去选择哪个是好的方向、哪个是对的方向。选择对了，今后三年会相对发展得比较好一些；选择错了，可能就要沉寂两三年。这一次，我们选择对了，做了采用高通8155芯片的域控制器。

针对这个方面，伟世通花大力气做前沿技术的预研，这个是结合全球的资源共同来做的。换句话说，就是我们大家一起来判断下一步到底会是怎样的发展趋势。

就现在而言，可能座舱域控制器已经是一个成熟的产品了，下一代也只是关注怎么样把算力和其他能力充分地利用起来，包括把部分的自动驾驶功能结合在一起。

对于电动化来说，现在方兴未艾。比如，现在很多 BMS（蓄电池管理系统）用的是有线 BMS，好处可能在于一次性投入成本比较低，但劣势在于有线的方式不能实时提供每个模组或每个电芯的数据，在梯次利用方面就做不到无线 BMS 所能提供的一些服务。所以，整个行业也逐步在往无线 BMS 方向发展。这是第一个方向。

第二个方向是电动化部分也在逐步整合，要发展成一个新的域控制器。在这方面，伟世通也早早地意识到这一点，所以我们在国外在这方面布局比较多，也正在研发我们的第二个域控制器，就是电动化控制器。

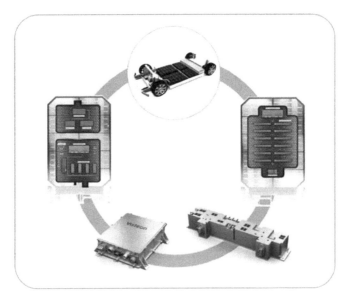

伟世通电气化解决方案

周晓莺：您刚才提到的很重要的一个点，就是当新技术涌现的时候，怎么去做正确的选择，这是一个制胜的先决条件。那么，伟世通是怎么做选择的？有什么方式能够帮助大家去做正确的选择？

韦巍：第一，要多维度地去多沟通。我们会定期地跟主要芯片公司做技术沟通，看他们下一步的预研方向，或者他们所能提供的产品能达到什么样的算力。现在，整车逐步从电子电气架构发展成算力平台，因此，关键在于芯片提供的能力。伟世通作为美国公司，在国外主动跟主要的芯片公司密切合作，这是我们的优势之一。

第二，我们跟整车厂也有很多年的合作，不单单在美国、欧洲，我们和中国的主机厂也有很密切的合作。我们会把数据和要求收集起来，然后整合客户的要求，以及芯片供应商所能提供的新技术，共同整合出一套新产品来满足市场要求。

周晓莺：这几年挺不容易的，因为有很多的外部不确定性，芯片短缺和疫情给生产带来了一定的影响。您是如何带领团队取得非常好的财务表现的？

韦巍：首先要感谢我们全球的机构、董事会以及全球的EC（执行委员会）成员们。我们并不只看财务一个维度，还看客户满意度、员工满意度，以及汽车科技行业今后发展的基础要求。综合各种因素之后，我们会制定比较平衡的KPI（关键绩效指标）。也正是在我们的CEO和全球团队的共同带领下，我们的全球业绩2023年才能取得比较好的成绩。我们每个人，包括我们中国团队所有的同事都做了很多贡献。

您也知道，行业这两年"缺芯少屏"，因此，我们成立了全球分料小组，把有限的资源分配到最需要的地方，这是内部的沟通。但是，我们不能"内卷"，还是要看怎么开源，所以我们的CEO笑称自己是全球第一追料员，三分之一的时间用于跟各大芯片公司交流。

一如既往地支持中国市场

周晓莺: 当在比较前沿的领域进行研发时,对人才的要求就会非常高。中国汽车产业发展到这个阶段,我们在人才方面是不是能够满足需求?甚至一些先导性的研发是否能在中国落地?

韦巍: 我们中国团队承载着全球一部分的前期研发职能。我们在全球只有两家做强电的实验室,其中一家就在武汉。

伟世通亚太武汉技术中心

我们中国团队主要和全球团队一起做两部分的研发工作,一部分是智能座舱,因为在这一部分中国确实是走在世界前列的。从整车电子电气架构发展至整车计算系统,在这个领域伟世通也有布局。我们中国团队也会和全球团队一起开发下一代域控制器,也就是我们的第四代域控制器。新一代域控制器会选用具有更高算力的芯片，而且相比现在的这一代，新一代产品还是硬隔离的，所以算力可以更强，包括自动驾驶功能都可以部分涵盖。

另外一部分，另一种域控制器也逐步在形成，就是动力电子域控制器。我们现在所看到的电动汽车，BMS 还是独立的，动力电子本身的分线控制模块（Junction box）、车载充电机（On-Board Charger）以及 DC/DC（直流模块）变换器都是独立的。如何把这些东西结合在一起，包括电能、制动，作为一个新的电动控制域控制器，这是另外一个方向。在这一领域，我们在上海以及武汉的研究机构、工程团队也会承担部分工作，跟全球团队合作。

周晓莺：目前，中国汽车企业，特别是本土的造车新势力企业，大家"出海"的热情非常高。那么，伟世通在全球的业务布局是否也会有很大的助力？

韦巍：这是个非常好的问题。我们所做的第四代域控制器的开发工作，其实就是基于另外一款高算力芯片所做的更新的产品，应该会在几年之后推向市场。在国外的话，生态系统更主要还是依靠谷歌，在这方面我们跟他们有很好的沟通工作，也把他们的生态系统做进了我们的车机里面。因此，我们可以为国内的客户提供很好的支持，助力他们的"出海"业务。

此外，我们还能够提供在当地的服务，因为本土企业出海可能不单单是销售，也可能会在海外开厂。我们不仅能帮助他们在当地布局，也能够帮助他们和母公司进行沟通。

周晓莺：韦总，在带领伟世通中国团队的时候，您觉得比较大的挑战来自哪里？

韦巍：我觉得挑战可能无处不在。最大的挑战在于怎么样把优秀的人才黏合在一起，共同创造能接受的企业文化，共同达成企业愿景。其实，企业的成功绝对不单单是依靠一个人两个人，而是需要整个团队一起努力，所以人员的管理、设立比较好的企业文化、创造好平台能够让年轻人发展，是我的主要工作。

周晓莺： 那您对中国团队今后三年有着怎样的预期？

韦巍： 我们希望我们的团队今后三年能够延续稳步前进的态势。我们并不指望会有一种跨越式的发展，但是我们需要在技术上有跨越式的发展，保持领先的地位，能够不断地创造、引入或者输出新技术给汽车行业。

企业介绍

伟世通是一家服务于移动出行行业的全球科技公司，致力于创造更愉悦、更互联、更安全的驾乘体验。

伟世通公司的平台利用经过验证的、可扩展的硬件和软件解决方案，为其全球汽车客户的数字化、电动化和自动化变革提供支持。伟世通的产品符合关键的行业趋势，包括数字仪表、显示屏、基于安卓的信息娱乐系统、域控制器、高级驾驶辅助系统和电气化产品。

伟世通总部位于密歇根州范布伦镇，在全球 17 个国家设有 40 多个分支机构，拥有约 10000 名员工。

硬件＋软件＋生态，共驱智能汽车发展

——对话高通中国 孟樸

伴随着人工智能（AI）、大数据、云计算以及物联网等的快速发展，当今社会正跑步迈入"万物互联"的发展新时代，汽车行业尤其如此。得益于智能驾驶、智能座舱等新技术的快速发展，汽车逐渐从传统的代步工具演变为"车轮上的联网计算机"，汽车与其他终端及应用生态的无缝互联也在不断照进现实。

当 5G+AI 这个时代真正到来的时候，会给大家的生活带来哪些改变？对此高通有怎样的思考和应对？具体到汽车行业，高通整体的布局策略是怎样的？当前人工智能正迎来新一波浪潮，会否影响芯片行业接下来的发展？2023 年 9 月，盖世汽车对话高通中国区董事长孟樸，就这些话题展开了深入探讨（文中数据于 2024 年 6 月进行了更新处理）。

——> 周晓莺与高通公司中国区董事长孟樸

 **访谈实录**

周晓莺： 之前我看过高通有一个 Slogan（口号、标语）叫"智相联、万物生"，能不能请您给我们描绘一下 5G+AI 这个时代真正到来的时候，会给我们的生活带来哪些改变？

孟樸： 从 5G 作为连接技术，加上智能这些因素来看的话，我们确实进入了一个新的生活时代。高通公司是从移动通信领域开始的，过去 30 年，我们一直说"我们用移动技术连接了世界上所有的人"，全球应该有七八十亿人，手机也差不多是这个数量，所有人与人之间的沟通，已经被移动通信连接起来了。

5G 作为一个新的技术、一个新的连接平台，目前可以看到的趋势是，今后 30 年，我们可以通过这种无线技术把世界上的人与万物全部都智能地连接起来。因为现在不管是智能手机，还是车里面的智能座舱、辅助自动驾驶，这些都跟智能有关系，特别是最近半年特别火的生成式 AI。

基于这些，我觉得通过无线的连接技术，还有高算力、高能效的计算平台，很多我们以前没有经历过的用户体验，或者改变我们生活工作方式的时代都到来了。

周晓莺： 就是真正的万物互联、数字化的生存。

孟樸： 是的。不管大家讲互联网，还是移动通信，对连接都已经形成了认知。而且我们认为，所有大家谈到的智能世界，没有连接是不可能实现的。所以我们强调"智相联"，把万物智能地连接起来，万物就都有了生气。

周晓莺：现在人工智能正迎来新一波浪潮，这对芯片产业有何影响？高通是否有相关的布局？

孟樸：人工智能这几年发展特别快，我自己在外面做会议演讲的时候，原来提得比较多的是 5G+AI 赋能千行百业，就是 5G 提供一个通用的连接平台，"人工智能"代表智能的一个集合体，在千行百业里面进行赋能。

在过去这半年多的时间里，生成式 AI 进步非常快，能够做很多事情。在这个领域里面我们目前看到的是，端侧的人工智能非常重要，并且真正好用的人工智能一定需要端跟云里面的人工智能搭配起来。

我相信到 2024 年上半年，可以看到很多终端产品，不论是智能手机的旗舰机，还是一些中国的新能源汽车、智能网联汽车，都会出现一些生成式 AI 相关的应用，这点我还是蛮有信心的。

至于端侧的 AI 为什么非常重要，我觉得有两个原因：第一，对于很多私人的数据信息，大家不希望放到云上被用于训练和学习，那么终端侧 AI 对个人的隐私保护非常友好；第二，这些智能终端是跟你在一起的，它里面有很多传感器，可以对你的状态信息进行实时感知，而云端的生成式 AI 是无法做到这一点的。换言之，对于人工智能的一些即时性需求，在终端侧可以更好地得到满足。

周晓莺：原来我们经常讲芯片里面有一个摩尔定律，现在智能汽车也开始呈现比较明显的消费电子化趋势，您觉得摩尔定律会适配到汽车这个产业吗？

孟樸：汽车行业跟传统的消费电子行业不太一样，它历史比较长，移动通信只有 30 几年的历史，汽车大概有 130 几年的历史，所以有不一样的要求。

骁龙 8155 实际上是我们的第三代智能座舱解决方案，这款产品当初推出来的时候，制程工艺与当时智能手机的 SoC（系统级芯片）相比并不是同步的。直到我们推出第四代产品骁龙 8295，才跟当年设计的旗舰手机芯片的处理节点实现了同步。

所以我觉得汽车也会经历这个过程，就是对新技术的认知和处理方法，会与消费电子相互趋近，包括在迭代节奏上。不过在这个过程中，哪些仍需要遵循传统车规级电子产品的要求、哪些可以朝消费电子产品看齐，需要后面进一步探讨。

我蛮喜欢跟中国的造车新势力企业聊这些方向，大家可以有很多不同的角度。并且从 To C（面向消费者）的业务来讲，很多新能源汽车企业会把汽车设计成一个新的生活空间、一种新的生活方式，这其实会加速汽车行业对新技术的拥抱和采用。在美国就很简单，不管车多贵、多便宜，基本上就解决一个问题——出行，相应地，应用范围就会窄很多。

周晓莺： 确实是，我们现在看中国新一代汽车的发布，周期基本上可以缩短到 18 个月，比原来要快很多，那可能在中间大家还是要去找一个平衡点，因为车跟完全的消费品差异还是蛮大的，所以要有安全，要有舒适，双方的供应链也要相互匹配。

孟樸： 对的。

周晓莺： 在汽车行业，前几年因为芯片短缺，芯片被提到了一个非常重要的地位。这对于高通来讲，带来的机遇是不是非常大？会不会带来一些新的增长曲线？

孟樸： 对高通公司来讲，我们在汽车行业已经有 20 多年的历史。早年通用汽车在车里面做广域网连接的时候，高通就开始为汽车企业提供连接解决方案，到现在已经深耕了好多年。

基于这么多年的发展，以前大家觉得芯片是一件很小的事，芯片供应商都是 Tier 2（二级供应商），很多汽车企业中，如果不是管技术的领导，可能都不知道汽车里面还需要芯片。这两年因为各种因素，汽车行业对芯片的关注被提到了一个新的高度，这对于我们来讲，也意味着更多的机会。

实际上，不管是智能连接还是智能座舱，国外谈论得都比国内早，所以在海外，高通很早就开始和通用、宝马、大众等整车厂接触。但中国市场过去几年在智能驾驶革命和能源革命的双重冲击下，诞生了很多有互联网、智能终端背景的造车新势力企业，他们对智能连接或者智能无线计算的感知比较强，我们非常有幸能够和中国的汽车产业一起迎接这次新技术革命。

周晓莺：而且这次变革的速度特别快。

孟樸：对的，因为在传统汽油车时代，大家做新车规划的时候，可能就是今年增加一两款有智能网联功能的车，明年再增加几款。但对于新能源汽车企业来说，从他们创立的第一天开始，智能网联就是必备功能了。

从 2021 年起，我们大概支持了 50 多个中国汽车品牌推出了 160 多款车型，它们都使用了骁龙数字底盘解决方案，其中绝大多数都是新能源汽车。可以看到，只要是从事新能源汽车业务的厂家，对新技术的接受程度、拥抱程度明显更高一些。

周晓莺：对，就像刚刚和您分享的，去 4S 店我都很吃惊，终端用户竟然会问这个座舱芯片是不是骁龙 8155，我觉得是蛮颠覆认知的一件事情，因为芯片要在 C 端用户里面形成品牌认知并不容易。

孟樸：是的，我觉得有几个方面，一个就是高通在传统的智能手机市场运作骁龙品牌已经有十多年的时间，我们在中国有一个很大的骁龙粉丝群体，在很多年轻人的认知里，骁龙已经跟智能手机、智能终端是相连的。基于这样一个背景，当我们进入汽车行业做智能座舱的时候就比较顺利。

另外一点，现在市场上可以提供智能座舱解决方案的供应商有很多，大家就会横向对比，在这个过程中，我们的骁龙 8155 逐渐成为很多智能网联汽车的上车"必备品"，消费者潜意识里也会觉得，没有装配骁龙 8155 会有点欠缺。

周晓莺：孟总能不能系统地给我们介绍一下高通在整个汽车上的产品布局和战略思考。

孟樸：首先，伴随着智能化、网联化还有新能源汽车的发展，我们非常看好汽车产业。其次，从高通公司本身来讲，我们的核心技术主要在移动连接和移动计算领域，所以对于外界经常说的"智能网联汽车是架在四个轮子上的智能手机"，我们觉得真的是这样。

高通很早就开始跟汽车行业接触，不管是欧美厂商，还是中国厂商。这两年我们主推的解决方案统称骁龙数字底盘，主要关注四大业务板块：第一，智能连接，包括像传统的 T-BOX（车联网智能终端）、蓝牙和 Wi-Fi 这样的无线连接，以及车路协同 C-V2X（蜂窝车联网）；第二，智能座舱，重点聚焦怎么为驾乘人员提供更好的舒适感，以及安全性；第三，辅助驾驶和自动驾驶，我们觉得自动驾驶是一个远期目标，中间会经过很多不同阶段的辅助驾驶，因此，围绕 Snapdragon Ride 平台，我们可以提供不同级别的智能驾驶解决方案；第四，车对云，当汽车变成了移动的智能终端时，必然需要与云端连接，比如车里面的 OTA（空中下载技术）升级，以及各种信息娱乐服务，都要跟云连接。

周晓莺：高通曾经公布过一个数据，汽车业务订单总估值约 450 亿美元，这大概是一个什么概念？

孟樸：这是根据我们整车厂客户或一级供应商的业务发展情况做的一个预测。比如整车厂一款车通常要卖 4 年，这 4 年里面有多少辆车会采用我们的解决方案，基于此进行的估算。

您刚才讲的 450 亿美元，是我们 2024 年 5 月发布的，而在 2019 年的时候，这一规模大概只有 65 亿美元，可以看出来这几年我们成长得还是非常快的。这也从另一个角度说明，大家对智能网联技术上车的需求越来越大，高通在汽车行业的服务范围也越来越大。

周晓莺：刚刚您提到的骁龙数字底盘几大业务板块，每个板块的侧重性和推进节拍是一样的吗？

孟樸：每个厂家都不太一样，目前来看无线连接的量最大，全球在路上跑的汽车中大概有 3.5 亿辆采用了高通的无线连接解决方案。

其次是智能座舱，这几年增长得也比较快。过去两年虽然有疫情的影响，我们仍然支持了 50 多个中国品牌发布了 160 多款搭载骁龙数字底盘解决方案的新车。而在海外，像美国的通用，欧洲的宝马、大众、奔驰，也基本都采用了高通的解决方案。

自动驾驶和辅助驾驶是我们新进入的一个领域，目前也在全力推进与国内外汽车企业的合作，像宝马和大众都宣布过会采用高通的 Snapdragon Ride 解决方案。在该领域，除了自主研发，过去两三年我们也收购了几家企业。

周晓莺：我们看到高通在车里面，除了从横向延伸不同的品类，纵向能力上其实也在不断加强，比如对软件、对生态的布局，这方面是怎么考虑的，算是系统作战吗？

孟樸：是系统化的，刚才讲的不管消费电子、智能手机还是汽车的智能网联，实际上都是一个系统工程，需要软硬件配合，硬件提供基本的算力，好的软件支撑产品应用，把硬件的性能充分发挥出来。在这之上还需要有生态系统，将这些解决方案最终变成应用于各种场景的产品。我们也不是完全靠自己来搭建这个生态系统的，而是会跟很多产业链公司协同合作，一起来推动产业向前发展。

周晓莺：不管是智能座舱还是智能驾驶赛道，当下竞争都非常激烈，特别是本土玩家很多比较激进，高通会有压力吗？

孟樸：任何厂家做过消费电子产品还能存活下来，其竞争性肯定都会更强一些。我倒觉得现在是机会更多。从市场竞争的角度来讲，我见过比这更残酷的竞争，差不多15年前，当时几乎全世界所有上市的半导体公司都在做3G芯片，但最后真正做下来的并不多。

所以现在竞争者多，我反而觉得是一件好事，因为这恰恰证明了这是一条好的赛道。相反，如果只有自己一家在做，可能说明别人都不看好这件事。

周晓莺：我翻译一下孟总的话，就是高通是穿越过周期，在血战中生存下来的公司。

孟樸：我特别相信中国合作伙伴的能力，在2010年的时候，全球排名前十的手机生产厂家里只有一家是中国企业，现在差不多有七八家是中国企业，这些都是高通的客户。我们一直非常看好中国的智能移动产业链，不管是智能手机还是智能座舱、智能驾驶，只要需要无线连接、移动计算，我们都有很好的机会。

周晓莺：怎么能够持续保持优势呢？

孟樸：竞争多，客户不断有新的需求，同行也在不断地激励你。

周晓莺：所以高通每年在研发上面的投入应该非常大？

孟樸：我们每年营收的20%都投入到了研发里面，所以高通公司一直是一家非常注重创新的企业。

周晓莺：然后我们看现在汽车行业价格战非常激烈，它反过来对供应链的要求比原来要高很多，包括对极致性价比的要求，高通有没有感受到这种压力？

孟樸：我觉得所有的厂商，不管什么样的压力，我们肯定能感受到。回到我们作为供应商，特别是技术创新者来讲，最重要的还是要能够提供价值，使得客户采用你的产品，帮助他们赢得市场。

一方面产品价格很重要，另一方面产品本身带来的价值对于厂商也很重要，毕竟只有采用了好的产品，赢得市场的时候，对他们来说才是有收获的。如果只是考虑每个部件的成本，而不是综合价值的话，如果打不赢这场仗，可能问题会更多。

当然我们也看到，现在智能网联汽车才刚刚起来，半导体在整车成本架构里面还不是最主要的，很多厂商可能选择了一款芯片，然后所有的车型都按照这个走。不过好的现象是随着技术的发展，不同级别的车型对于像智能驾驶这些功能的需求都不太一样，我们基于在消费电子领域的经验，可以灵活满足不同客户的需求，按照高中低端进行不同的产品搭配。这样长远来讲，我觉得我们为整车厂或者一级供应商带来的价值会更大。

周晓莺：在中国市场，大家经常讲"中国速度"。中国汽车企业对于生态链上的企业，其实既要求速度，也要求交付质量，同时对服务的弹性要求也非常高，高通公司作为一家外资公司怎样能够适配这种要求？

孟樸：我觉得有三点。

第一，从企业对服务的客户来讲，要充分理解刚才讲的"中国速度"，而我们在之前服务中国智能手机市场的过程中，已经有过深刻的体验。

第二，光理解了还不行，一定要落实到行动上，所以我们在中国一直有一个非常大的客户支持团队，保证能够快速响应客户的需求，跟上客户速度。并且不仅仅是中国，我们在全球不同的地方都有可以提供技术支持的工程师，这样，一个地方下班了，其他的团队还可以接着做。2020 年疫情刚刚发生的时候，我们就是通过线上的高效协同，在疫情好转的几个月里支持中国终端厂家发布了十几款旗舰手机。

第三，还是回到一个技术公司，特别是像高通这样一个跨国企业，大家现在有一个比较时髦的词叫"Glocal"，就是既要 Global（全球化），也要 Local（本地化），通过全球的技术、全球的视野服务本地企业。

这几点过去在智能手机行业已经得到了充分的印证，我相信借助以前的成功经验和案例，以及客户对我们的信心，我们能够继续服务支持好中国的新能源智能网联汽车产业发展。

周晓莺：现在中国的汽车出口量已经是全球第一了，大家对远征海外市场的热情还在持续高涨，这方面高通是否也可以给相关的企业提供一些支持？

孟樸：高通在 20 多年前和中国手机产业合作的时候，就说一定要面向全球市场，因为全球市场一定大于单一市场，而且这对于产品的需求、中国企业的成长都非常重要。

我们 20 多年前提的口号是，和中国厂家一起，支持他们"走出去、走进去、走上去"。"走出去"就是一定要走到海外市场去；"走进去"就是要走进欧美主流市场，因为当时最好的市场还是在主流市场；"走上去"的意思是，中国的产品不能说只是便宜、量大，还要做高端产品。

过去几年我们跟汽车行业沟通的时候，也跟大家一起互相勉励、互相支持，包括提供一些建议，比如大家的产品如果要考虑出口，要选用哪些技术。

周晓莺：现在其实整个外部环境比原来复杂很多，然后整个经济的发展也有很大的不确定性，如果您往后看三年，对于高通中国的发展有何期待？对汽车产业又有什么样的期待?

孟樸: 从高通公司来讲,过去 20 多年我们一直是和中国移动通信产业共同发展的,从中我们看到,只要是对无线连接、移动计算有需求的产业,无论是汽车还是传统的智能手机市场,我们相信中国市场都会继续成长,我们也有信心和中国的移动终端产业一起进步,更好地合作共赢。

我们也非常看好中国汽车行业,不论是在利用能源革命,采用新能源、各种清洁能源技术上,还是在采用智能网联技术上,都能够引领这方面的很多应用。

 **企业介绍** --

高通公司创立于 1985 年,是全球领先的无线科技创新者,也是 5G 研发、商用与实现规模化的推动力量。公司致力于发明突破性的基础科技,变革世界连接、计算和沟通的方式。其中在中国,高通公司开展业务已经超过 20 年。

通过把手机连接到互联网,高通的发明开启了移动互联时代。目前,基于"统一的技术路线图",高通正驱动智能手机变革的众多技术,比如先进的连接、高性能低功耗计算、终端侧智能等,高效地扩展至不同行业中的下一代智能网联终端,包括汽车、物联网、计算等,开创人与万物能够顺畅沟通和互动的全新世界。

十二年全球化之路，从『走出去』到『走上去』

——对话均胜电子 蔡正欣

近两年，"出海"成为汽车行业热门话题。而早在 12 年前，正当国内汽车市场尚处于黄金增长期时，有这么一家中国零部件企业开始将目光盯向了海外，凭借一场漂亮的并购一夜成名，并快速打开了全球化局面。它就是于 2004 年成立的均胜电子，被收购的则是拥有百年历史的德国企业——普瑞。

经过 12 年的磨合发展，均胜和普瑞共同开创了"1+1 > 2"的双赢局面，均胜电子年营业收入从 20 亿元增至近 500 亿元，而融入中国血统的普瑞也一路高歌猛进，年营业收入翻了四番。

那么，这一漂亮的局面究竟是如何达成的？此外，作为全球化运营的中国公司，面对复杂的内外部环境，将会如何应对？对于中国品牌"出海"，又有哪些建议？2023 年 7 月，盖世汽车对话均胜普瑞总裁兼首席执行官蔡正欣，聊了关于均胜普瑞的那些事儿，希望对正在出海路上的汽车产业伙伴们有所启发。

———➔ 周晓莺与均胜普瑞总裁兼首席执行官蔡正欣

一 从"走出去"到"走进去"

周晓莺：蔡总，感谢您今天能与我们交流。首先我比较感兴趣的是，均胜普瑞拥有中资背景，但其实是一家历经百年历史的德国企业，在企业运营管理上会有什么特色吗？

蔡正欣：2011 年均胜收购普瑞的时候，国内"出海"的企业很少，因此对我们来说并没有太多可借鉴的经验。初期，我们主要是参考国内合资公司的管理经验，汲取好的方法，规避水土不服的地方。

收购后，我们还是保留原有的团队，遵循当地的管理体系。当初公司总部只派我一个人参与管理，且扮演的角色是"桥梁"而不是"监督"。因为当时均胜的体量比普瑞小，我们更多关注的是公司的长久发展，也是以谦逊的姿态去参与经营，这使我们很快获得了客户和员工的认可。

周晓莺：普瑞并入均胜电子已经 12 年了，这一过程中取得了哪些成果？

蔡正欣：从业务上来说，在收购前的 2010 年，普瑞销售额约为 3.5 亿欧元，2022 年，这一数字达到了 17 亿欧元。

技术上，除人机交互产品（含中控面板、驾驶模式控制、空调控制模块、方向盘开关及集成化智能表面产品等）外，我们成功打造了第二业务支柱——新能源产品线，包括电池管理系统、DC/DC 多功能变换器、400V/800V 高压快充平台等，并且取得了快速增长。

周晓莺：在诸多挑战中，均胜普瑞能取得"1+1 > 2"效果是件不容易的事儿，有哪些好的经验可以跟大家分享？

蔡正欣：我认为公司的主要目标就是要争取利益最大化，这点中德双方的观点是一致的。只不过在一些管理环节上会存在理念和认知上的差异，我们总结的经验是，如果拥有非常好的专业背景以及良好的业务意愿，沟通就会非常顺畅。

对于海外布局的企业而言，如果外派人员专业知识或沟通能力欠缺，会引发一定问题。

周晓莺：现今中国品牌"出海"是热门话题，从您的视角看，现在的中国品牌，特别是汽车企业在全球竞争力如何？如果生态链也要跟着一起"出海"布局的话，有什么好的建议吗？

蔡正欣：我们非常开心看到中国品牌"出海"这一盛况。均胜普瑞拥有中资背景，沟通非常方便，同时又具备全球供应链配套经验及体系，非常愿意跟随汽车企业的步伐，做好助力。

从目前来看，中国汽车企业"出海"有自己的特色，但也面临一定挑战，主要体现在以下几方面。

一，中国汽车企业无论是管理、技术还是制造水平均具备一定的水准，但在海外，我们面临着跟一些拥有百年历史的汽车企业去竞争，当中还是有一些短板要补的。不过，短板会越来越少。

二，在海外竞争中，快速响应和用户体验是中国汽车企业的加分项。不过，要落地生根，就必须尊重当地的一些习俗和习惯，要融入当地的生态，包括跟当地政府良好的沟通，得到全面有效的支持后，在当地开展业务会比较便捷。

三，在团队文化融入上，找到一个大家都能接受的方式，这个方式不是单纯地完全以自我为主，或者以当地为主，这样会造成水土不服的现象。

周晓莺：均胜普瑞中德团队在文化融入过程中，您有什么印象特别深刻的案例吗？

蔡正欣：我们知道，中国经济发展非常快，好多事情计划赶不上变化，这反映到我们日常工作中就是要具备灵活性。而德方处于非常成熟的经济社会中，他们的优势是有计划性，有时候会把一年后的重要会议时间都定下来。经过磨合，我们现在基本已经适应这种方式，一些重要的会议的确是一年前锁定的。

此外，不同的环境导致中国人考虑问题比较积极，德国人相对比较保守。以确定业务增长目标为例，我们对高速增长习以为常，当初期提出将战略指标从 3.5 亿欧元提升至 10 亿欧元时，德方觉得不可思议。为此，我们做了一些模拟计算，最终说服德方并一起实现了目标。

这当中，尊重和坚守同样重要。

一　从"走进去"到"走上去"

周晓莺：作为全球化企业，近年来，均胜非常注重"精益"管理，降本增效（降低成本，提高效率）已成为集团的共同主题。普瑞是如何实施的？取得了哪些成果？

蔡正欣：我们确实建立了精益管理结构，目前在普瑞只有三名董事总经理：CFO（首席财务官）、CTO（首席技术官）和 CEO。此外，我们还引入了数字化管理理念，现已成功地将所有部门领导培训为六西格玛绿带，并且已经完成并运行了大量六西格玛改进项目，将可能的失误减少到最低限度，从而使企业可以做到质量与效率最高，成本最低，过程的周期最短，利润最大。

除了在管理上，我们在智能制造方面也不断融入数字化技术。例如获评"浙江未来工厂"的均胜普瑞宁波工厂依托数字化生态组织，更注重人工智能、数字孪生、大数据、5G 通信以及新一代信息技术应用，目前生产装备全流程自动化率为 90% 以上。

其实一个成功的企业就是一个不断学习的组织，因为行业变化很快，有很多新理念和新技术出现，你就一定要去适应这种变化，并及时做出调整。

周晓莺：供应链管理对于开展全球业务的公司来说是一项极其重要的任务。尤其是近几年，由于疫情、原材料短缺和价格上涨，其重要性有所增加。贵公司采取了哪些举措来应对这些挑战？

蔡正欣：对抗供应链中断已成为我们的一项任务，我们也形成了一些有效机制。这两年，在供应链方面参与的不仅仅是采购和物流部门，还包括销售乃至高层管理者。比如我本人每半年就跟一些大的芯片公司欧洲的高管有一次见面会，聊一下技术趋势、价格趋势、投资趋势、供应趋势等，对市场有个详细的了解。

大家现在都在提"芯片荒"，我个人觉得在 2024 年会告一段落，可能某几种特殊的芯片还会继续这种短缺状态，但总体来说情况会向好。价格方面，我们测算，3~5 年内半导体价格不会有大幅的下降，尤其在汽车芯片领域。

周晓莺：智能电动汽车的快速发展正在为汽车供应商创造新的机遇，均胜和普瑞很早就意识到了这一趋势，并投资了电动汽车和智能座舱解决方案，业务进展如何？

蔡正欣：整体来说，我们两大业务支柱都在增长，其中电动汽车的增长更加活跃。例如，凭借电池管理控制单元，我们成为宝马 i3 和 i8 的供应商。2019 年，我们在行业开创性地推出 800V 高压充电技术，率先应用于某全球高端车型。2023 年第一季度，公司赢得了一家知名汽车制造商在电动汽车领域价值约 18 亿欧元的大订单，这也是普瑞到目前为止最大的订单。

智能座舱方面，我们的控制旋钮／触摸屏率先在 2021 年的野马 Mach-E 车型上实现量产。此外，我们也看到了触摸屏、触觉反馈和可移动组件相结合的巨大机会。

均胜普瑞新一代悬浮式"魔术"旋钮

总体来说，技术及市场格局的变化对均胜普瑞是一个机遇，而我们也提前做好了相应的布局。

均胜普瑞的业务在 12 年中翻了四番，与其精益化管理、极力降本增效、前瞻技术布局等有较大关联。尤其面对汽车产业变革，均胜再度展现了其前瞻性战略思维和眼光，使得普瑞在电气化、智能化到来时，能够及时拥抱机遇，赢得持续性增长，实现了从"走进去"到"走上去"的升级之路。

周晓莺：在创新研发上，均胜普瑞的核心力量是在欧洲还是在中国？这一块是如何协同的？

蔡正欣：其实在收购的时候，我们就跟德方商量好，要在中国建立一个全功能的研发基地。后来考虑到成本，研发工作以德国为主导，然后把一个项目不同的工作分包给全球各地去开发。近年来，我们越来越重视本地化研发，以快速响应客户需求。从2022年开始，公司内部就开始倡导去中心化，在中国等国家建立功能中心，进一步加快全球化步伐。

周晓莺：近年来，均胜电子深化中国市场开发，加大投资力度。均胜普瑞对于中国市场后续有什么样的构想？

蔡正欣：在刚进入中国市场的时候，我们主要关注的是合资企业，不过近几年，我们与越来越多的中国品牌汽车企业建立了合作。后期，我们会深耕中国市场，获取更多本土汽车企业的订单。

其次，我们希望中国在全球的研发力量中逐步起到领头羊的作用。一方面，推动全球研发以更快的速度满足逐步缩短的客户开发周期需求；另一方面，所拓展出来的创新产品和模式可以让全球市场受益，即"In China for Global"。

不仅仅是研发，在管理上，之前都是我们到海外学习先进的管理经验。而今，中国企业在快速成长的过程中形成了一套自己的管理风格，我们也在考虑将中国的管理经验逐步对外输出。

周晓莺：您对均胜普瑞的整体战略愿景是什么？或者说，您希望它变成一家什么样的公司？

蔡正欣：我希望它能够成为一家高速增长且有良好盈利能力的公司，在新能源和人机交互两条产品线上能够一直保持领先的技术地位，同时让8000名全球员工能够感到工作愉悦。

均胜普瑞提前经历了如今企业"出海"时面临的诸多挑战，如理念和文化间的差异、从0到1的全球化运营管理体系搭建等。最终能实现融合，与对当地文化和理念的尊重、对等的专业知识交流、良好的沟通能力等有较大关系，真正做到了从"走出去"到"走进去"。另外，在遇到原则性问题和正确方向达成时，坚守本心亦至关重要。此外，面对全球汽车格局新的变化，均胜普瑞采取了"去中心化"战略，由全球化宏观布局到本地化深耕，尤其对于由大到强的中国汽车市场更是大力部署：一方面抓住智能电动汽车发展机遇，强化本地化创新能力，提升市场份额；另一方面赋能中国汽车企业进行海外布局。在"走上去"的基础上，细化强化地域能力，由此助力公司全球化进一步升级。

企业介绍

关于均胜电子：宁波均胜电子股份有限公司（简称均胜电子，股票代码：600699）是一家全球化汽车电子与汽车安全供应商，主要致力于智能座舱、智能网联、智能驾驶、新能源管理和汽车安全系统等的研发、制造与服务，产品覆盖与驾驶有关的域控制器、人机交互、汽车安全（主动、被动安全）、车载信息娱乐、新能源管理和 5G 车载互联等。

成立于 2004 年的均胜电子从以汽车功能件为主业的零部件生产起步，从 2011 年至今，公司先后收购了德国 PREH、德国 QUIN、美国 KSS 以及日本高田资产（PSAN 业务除外）等，通过企业创新升级和多次国际并购，实现了全球化和转型升级的战略目标。此外，凭借先进的创新设计、生产制造、品质管理及服务，均胜电子成为宝马、奔驰、奥迪、大众、通用、福特、本田和丰田等全球汽车制造商的长期合作伙伴。

关于均胜普瑞：普瑞以无线电和电子元器件起家，创立于 1919 年，自 2011 年起成为均胜电子的一部分，目前主要致力于人机交互界面，低电压和高电压范围内电动汽车组件如电池管理、800V 高压充电等产品的研发和制造。

中国市场篇

　　中国作为全球最大的汽车市场，行业发展趋势对全球汽车产业的影响日益显著。中国汽车市场经历了快速增长阶段，不仅在销量上取得了巨大成就，而且在技术创新、产业链完善、市场结构优化等方面也展现出了蓬勃的发展态势。

—— 采埃孚集团 ——
柯皓哲

—— 法雷奥中国 ——
周松

—— 安波福 ——
杨晓明

莱科德
Luz、陈彧虎、MiDi

—— 易特驰 ——
Thomas Irawan

企业发展要坚持长期主义，

敬畏市场、竞争和规律

——对话付于武

开篇导语

2023 年，中国汽车工业迈入第 70 个春秋，迎来了一个重要的时刻。作为与中国汽车产业共同度过无数风雨的老汽车人，付于武先生见证了中国汽车从力争年销 100 万辆到如今连续 14 年成为全球最大汽车产销国的辉煌成就。此外，中国新能源汽车产销规模也连续 8 年稳居全球第一，自主品牌占比突破50%。如今，中国更是成为全球最大的汽车出口国，向着汽车强国的目标大步迈进。

回顾我国汽车产业发展历程，都有哪些值得行业铭记的经验与教训？又该如何站在历史的肩膀上审视当下的发展形势？科技快速迭代的时代下，汽车产业面临着不断的变革和颠覆，企业又该如何应对？

2023 年 10 月，对话嘉宾——中国汽车工程学会名誉理事长、中国汽车人才研究会名誉理事长付于武先生，以他丰富的专业知识和深刻的行业洞察力，为我们分享了他对于一些问题的理解和看法。

———↘ 周晓莺与中国汽车工程学会名誉理事长、中国汽车人才研究会名誉理事长付于武

周晓莺：2023 年是中国汽车工业 70 周年。如果需要对这 70 年的发展历程进行阶段性的总结和评价，您会如何表述呢？

付于武：2023 年 7 月 15 日，针对中国汽车工业 70 周年我曾做过一次报告，10 年前也曾做过相似的汇报，但与 70 周年的感受完全不同。在此后的几个月中，我一直在思考：中国汽车工业 70 年来究竟成功在哪里？又有哪些不足？

1953 年，一穷二白的我们拼命地在长春那片黑土地上建起了中国第一汽车厂（中型货车）。5 年后，南京跃进（轻型货车）以及黄河牌（重型货车）相继问世。1968 年，陕西汽车厂和陕西汽车齿轮厂在秦岭脚下的小山沟里拔地而起。正是在这个偏远的山沟里，我们孕育出了如今世界重型货车领域的龙头企业。这种忘我奋斗的创业精神，是中国汽车工业一笔巨大的精神财富。

其次，技术革命、能源革命、智能革命这三大革命推动了中国电动化、智能化的转型，也体现了伟大的创新精神。

再次，改革开放是中国汽车工业发展的关键因素。没有改革开放，就没有汽车工业的今天，更不会有奇瑞、吉利、长城、比亚迪以及零部件企业们。而只有融入了全球汽车业，站在全球的格局下，你才知道世界多么需要中国。

当然，在伟大成就之下，我们更应正视自身的不足。少走弯路，不走错路，在关键的时候把握住大势，才能行稳致远。

中国汽车市场规模在 1992 年不过 100 万辆，花了 8 年时间才实现翻番，但此后爆发式增长，到了 2009 年，我国以 900 多万辆的规模成为世界第一汽车大国。

我们必须承认，改革开放虽然推动了民营经济的发展，但我国政府在轿车私有化道路上的推进速度相对较为缓慢。20世纪80—90年代，我国顶层设计对汽车产业的重视程度摇摆不定，没有全力以赴。到了近期，我国在大力发展"双碳"目标下，对商用车这一主要碳排放污染源的重视程度严重不足。

总结历史，看到成绩固然弥足珍贵，同时，我们也必须正视产业发展过程中的不足之处。这些不足对于中国汽车产业的未来发展道路具有至关重要的影响。

周晓莺：您之前提过，中国的市场是否强大关键得看供应链，而不只是看产品。那么，您觉得现在中国能不能算得上是汽车产业强国呢？

付于武：我认为我国正在迈向强国之列，但现阶段，我国的竞争力、市场规模，包括国际市场表现，还不足以支撑汽车产业强国这个提法，汽车强国之路任重而道远。

核心技术方面，早在工业发展初期，我国先后成立了上海汽车电器厂、哈尔滨汽车电器厂以及长沙汽车电器厂，但在之后的发展过程中，我们并没有跟上产业发展的步伐。于是，当汽车电子在安全、节能环保等方面发挥越来越重要的作用时，我们显得力不从心。

此后，包括芯片短缺、操作系统等问题在内，都反映出我国汽车产业在供应链、产业链到创新链等各个方面并未做好充分的准备。

然而，我坚信，在未来10年里，我国汽车产业强国的目标将初步实现。到90周年之际，我国将彻底实现这一目标。这并不是单一主机厂或零部件企业所能解决的问题，而是需要整个生态链的合作伙伴共同努力和奋斗。

周晓莺：您刚刚提到，汽车产业的发展与民生、经济政策等多个生态系统紧密相连。汽车进入家庭现象的出现，实际上是消费力提升的结果。随着改革开放的推进，人民经济实力增强，才实现各层次、各领域的共同繁荣和相互促进关系。

付于武：确实是。百姓衣食住行，汽车是人们生活中不可或缺的一部分，它不仅为人们提供了交通和运输的便利，还随着社会的进步不断发展和改进。同时，汽车产业作为国家经济的重要支柱，除了社会属性，同样具备着市场属性。

从全球视角来看，许多大型企业都是以汽车制造为主营业务的百年企业，例如丰田、奔驰和福特等，都拥有着百年历史。所以，企业的生存要注重长期主义，而非投机取巧。要充分信任汽车产业具有极强且旺盛的生命力，它会带动我们整个国民经济的发展。这一点不要怀疑。

周晓莺：过去 10 年，汽车行业中的一些传统汽车企业正在自我迭代和革新，同时，新力量不断涌入。如果要归纳一些表现较好的中国汽车企业的共性，您认为会是什么？

付于武：汽车产业是一个高度竞争的市场，企业不断经历着创新和淘汰。在这样的背景下，汽车产业的竞争力最终还是要归结到产品本身。而要打造出具有市场吸引力的产品，关键在于对市场趋势的敏锐捕捉，这需要对市场规律保持敬畏，并遵循规律进行决策，这一点非常关键。

过去我们说，汽车产业是规模经济。企业存在的目标就是要创造效益，没有效益，企业是不能存在的，这也是为什么比亚迪以及特斯拉近年来表现出强劲的盈利能力，这主要得益于他们遵循市场规律，注重产品品质和市场需求。

在汽车行业中，产品为王是一个普遍的规律。没有好的产品，企业就不会占领市场。新玩家中，华为是一个典型的案例。作为一家高科技公司，尽管在汽车领域缺乏经验，但它通过不断学习和迭代，已经逐渐适应了汽车行业的需要。

总的来说，敬畏市场、遵循市场规律并打造符合市场需求的产品，是长期主义百年企业所必备的性质。

周晓莺：过去企业先设定市场定位和营销策略再进行产品研发，现在则更注重产品与目标消费人群的适配性，思考特定人群的高频使用场景和所需功能，再进行产品化。当产品偏向针对特定细分人群时，是否会跟"规模经济"相违背？

付于武：其实并不是这样的。规模始于产品本身。如果一个产品没有差异性，没有特点，没有个性，甚至没有灵魂，没有属于自己的东西，就没有市场。

对于汽车企业而言，除了产品定位和对细分市场的理解之外，还需要注重对市场趋势的敏感度和对消费者需求的把握。

以理想汽车为例，它如今可以说是"超理想"。增程式并非理想汽车开启的先河，但为何最后是理想汽车成功了？这要回归到产品本身。当动力电池能量密度、循环次数等方方面面尚无法支持纯电动汽车替代燃油汽车时，理想汽车提出增程式方案，既满足了低碳化需求，也缓解了消费者对于新能源汽车的里程焦虑，所以销量逐渐走高。

"超理想"给了我们很多启发。汽车企业需要注重产品的差异化，避免同质化现象的出现，同时要在产品定义、市场调研和细分市场理解方面下功夫，以确保产品的市场竞争力。

周晓莺：近年来，华为造车一直被热议，但实际走访终端门店发现，消费者并不在意，他们主要关注的是产品的好坏。这也在提醒我们，应该用更开放的心态看待新生事物。

置于华为门店销售的问界 M5

付于武：确实，华为的模式在传统汽车行业轨迹中没有先例可循，借助手机门店渠道推动汽车销售业务，这种全新的思维方式对传统理念产生了颠覆性的影响。在这个日新月异的时代，我们首先需要积极接受并拥抱这种变革。

周晓莺：也包括目前汽车行业呈现出了日益明显的消费品化趋势。

当前，中国汽车市场降价和追求极致性价比的趋势日益激烈，同时，国内汽车产业也呈现过剩的态势。您觉得这种态势会持续多长时间？是否会加剧企业间的优胜劣汰？

付于武：首先，我认为特斯拉带来的冲击和降价影响还没有完全过去。

原本我们认为特斯拉只是一家普通的纯电动汽车制造商，但令人意想不到的是，它推出了 4680 大圆柱电池，智能化技术发展迅速，颠覆性的垂直一体化铸造也改变了我们汽车的设计，值得我们深入学习和借鉴。

目前，对于特斯拉下一步发展方向我们无法预测，唯一可以确定的是它还会继续降价。在这种情况下，整个产业、企业和地方政府都没有做好准备。我们的企业表现出缺乏定力，采取了一些错误的策略，比如燃油汽车销售价格腰斩。

相较于特斯拉和其他领先企业，我们应清楚认识到，产品定位的差异是我们与特斯拉之间的重要差距，单纯依靠降价来应对市场竞争并非最佳策略。相反，我们应该思考如何通过提高产品定位和品质来赢得市场，回归到产品为王的原则上来。

其次，我们需要认识到，提高效率是我们在竞争中取得优势的关键。特斯拉的智能化和垂直一体化铸造策略已经为我们树立了高效的典范，我们应该学习并借鉴这些策略，从源头上提高效率，以获得竞争优势。

最后，我们需要对市场、竞争和规律性的东西保持敬畏之心。缺乏敬畏可能导致我们无法了解对手的动向，匆忙应战，最终失败。要成为百年企业，我们必须坚持长期主义，对市场、竞争和规律保持敬畏之心。

回顾历史，我们不能忽视倒下的企业。恒大的爆雷事件以及汽车行业的倒闭潮都为我们敲响了警钟，我们需要对这些事件进行深刻反思，以避免重蹈覆辙。

周晓莺：您提到企业经营的一个基本前提是必须产品能打，同时要有定力。但现在很多企业为追求市场份额和降低成本，采取堆料策略，导致行业利润率和生存空间受压。在您看来，此前摩托车、家电行业的历史是否会在汽车行业重演？

付于武：确实有这个可能。在汽车行业中，市场规律是不可违背的，包括美国、欧洲及日韩这些发达国家或地区的整车企业数量并不多，这是市场机制优胜劣汰的结果。

中国市场再大也容不下这么多企业，需要一个或几个世界性企业来引领整个行业的发展。而只有通过大规模的整合和协作，才能够实现资源的优化配置和社会效益的最大化。

最近 3~5 年是历史淘汰期，兼并重组和社会资源的大整合也是不可避免的趋势。回顾一百三四十年的汽车发展史，都是这么过来的。无论是传统企业还是新兴势力，都需要做好各方面的建设，以应对未来的挑战。

周晓莺：大家还是要做好竞争越来越白热化，靠产品市场化生存的准备。

付于武：还要遵循市场规律，敢于挑战，不光是技术层面，整个社会化组织都要跟进。

周晓莺：您提到社会化组织协调分工，并把汽车比作一个生态链。但以比亚迪为首的中国汽车企业正快速构建起强大的垂直整合能力，这是否会成为另外一种高效生产的形式？

付于武：比亚迪其实也在不断进行内部调整和自我反思。随着企业规模扩大，比亚迪正在将一些业务外包给更专业的团队，以便更好地利用资源，降低成本，提高市场竞争力。充分整合资源，才是企业经营中的最高境界。

周晓莺：确实，在软件定义汽车时代，产业链长尾效应将更加明显，企业很难什么都自己做完，这也不符合规律。

付于武：我国在半导体领域地平线公司相对不错，但也很难所有东西都自己造，那是不可能的。要找准自己擅长的点，并寻找更合适的合作伙伴来支撑自己完成。

周晓莺：近两年来，中国汽车企业的"出海"话题备受关注，许多行动派纷纷加入这一浪潮中。那么，是否所有的汽车企业都必须"出海"呢？或者说，企业"出海"应该采取怎样的策略？

付于武：近年来，中国汽车"出海"成绩斐然，这是此前意料之外的。

出口接收国从过去的东南亚、中东、非洲地区到如今的发达国家,产品也不再只是商用车、传统车,更延伸至乘用车和新能源车范畴。这一成绩是多方面因素叠加的结果,也是中国汽车企业发展、进步的一个体现。

70年的中国汽车工业逐渐成长为一个青壮年,并在智能电动化转型阶段充满自信,在未来的几十年内,中国汽车企业走向世界是必然的规律。

2023年IAA车展(IAA MOBILITY 2023)之后,欧盟迅速展开对中国电动汽车的反补贴调查,这恰恰说明,我们最近的路线走对了,中国在电动汽车领域的动作、效率、速度和节奏引起了国际汽车界对我们的警惕。

然而,进入发达国家市场并非易事,关税壁垒、碳壁垒、技术壁垒都将可能接踵而来。中国汽车企业要做好自己的产品,深入了解欧洲等发达国家的市场、文化、法规、标准和消费者习惯,做好各方面的准备,打好阵地战和持久战。阵地战,意味着在当地建厂,避免或避开各种壁垒。持久战,则需要中国汽车企业在国际市场深耕细作,不断提升产品美誉度和市场竞争力。

未来10年、20年是两个重要的节点,前10年打好阵地战,并坚持打好20年的持久战,我相信,世界性的汽车品牌和企业一定会在中国崛起。

周晓莺:我们了解到,您与您的团队开展了十余年海外精英的归国动员工作,其中契机是什么?有什么故事可以分享吗?

付于武:不管是中国汽车工程学会,还是中国汽车人才研究会,都是一种公共的服务性平台,为行业服务,包括人才培养、人才引进,创造一个更适合人才成长的环境。

2000年后,我国汽车产业爆发式增长,当看到赵福全、汪大总、辛军等留外精英时,他们的学识、眼界,对汽车的理解,是当时国内汽车人所不具备的,所以迫切地想要他们回国发展祖国的汽车产业。

还记得当时赵福全从华晨离职,我力劝他留在国内,无论是在民营企业还是国有企业任职，反正不能再出国。现在回头看，我的劝说有些许强词夺理，但不可否认的是，中国汽车产业在过去十余年来的蓬勃发展离不开他们。

周晓莺：当时辛军决定从上汽集团离职，投身创业之路时曾说过一句话令我印象深刻。他说："我这样的背景都不去做零部件，产业空心化的问题谁来解决？"确实，正是一批又一批这样的人愿意去奉献、去努力、去拼搏，才会有如今的中国汽车产业。

付于武先生曾多次远赴国外学习参观

付于武：中国汽车工程学会有八个字的核心价值观：激情、专业、服务、合作。为什么将"激情"摆在第一位？这源于汽车产业的独特魅力，它不断进行创新和突破，不断刷新着过去的纪录。汽车人如果没有激情，将很难跟上时代的发展步伐，也将愧对自己的人生。

周晓莺：汽车人似乎天然有一种很强的使命感，愿意去拼命。

付于武：在众多产业中，很难有一个产业如汽车产业一样可以包容如此多的新技术。从人工智能、大模型到传统发动机、变速器各种技术美学。这是一个集大成的产业，它不仅具有足够的包容性和在科技各方面的延展性，还具有强烈的社会属性。

我国机械部原部长沈烈初，如今已 90 岁高龄，但每次与他谈论汽车产业时，他都会深入各个专业领域，包括垂直一体化铸造究竟省下哪些零部件，它们所占的比例和重量分别是多少，等等。在他看来，汽车产业变幻莫测，充满魅力。

周晓莺：如今汽车产业的范畴正在外延，软件、算法、人工智能、芯片、IT（信息技术）等各界人才正在涌入其中，企业该如何平衡？

付于武：在当前时代，跨界融合、互相赋能以及跨领域跨学科的协同合作，已经成为人才发展的主题。但是，对于人才的培养和发展，我们需要一个准确、完整且理性的判断。

以发动机行业为例，除混合动力技术外，零碳发动机技术被列为中国汽车工程学会所梳理的未来 3~5 年的八大新技术方向之一。可是由于人才储备不足，我们可能无法顺利推动这一技术的发展。我们需要加大宣传力度，特别是在教育体系中加强对这一领域人才的培养。

另一个重要的技术方向是固态电池，同样需要更多的电化学专业人才来推动这一领域的发展。

我们应当以更为宽广的视野和更为理性的态度，对人才培养进行评估并加速培养，不应该忽视跨界融合、互相赋能，让协同合作成为必要。同时，随着技术的不断迭代和新技术的出现，我们也要持续地学习和提升自己。

周晓莺：确实，这应该被视为一个终身学习的理念。对于重要的企业和个人而言，都应有意愿以发展的视角相互促进、实现彼此的成功，而不是追求寻求即刻就能派上用场的人。

付于武：我曾在 AVL 李斯特探访，接待我们的是一位在 AVL 工作了 42 年后退休的老员工。他有一把万能钥匙，可以打开所有的实验室。他就像是一本 AVL 工厂的活词典，对每个技术细节都了如指掌。对于一个企业来讲，人尽其才是特别重要的。

周晓莺：如今，无论是年轻人还是职场老人，都在经历不同程度的焦虑。在您看来，该如何缓解焦虑？

付于武：对于大多数人，尤其是年轻人或在职人员来说，他们现在面临着来自社会的强烈压力。因为他们仍然处于第一线，肩负着重大的责任和任务。

今天，我读到一篇来自科技部退休老人的感言。他表达了对仍在一线工作的年轻朋友们的羡慕之情。他认为，尽管已经退休，享受着闲暇生活带来的快乐，但仍然怀念年轻时在工作中的快乐和充实。可见，年轻时在第一线冲锋陷阵在人生的历史上也是幸福、快乐的。

在这个快节奏的社会中，不断调整自己的心态来适应社会的变化是非常重要的。汽车行业是一个充满挑战和成就感的行业，我们应该珍惜这个行业和这个岗位。

但在企业的人才管理层面，我仍建议企业应该尽一切可能为员工提供良好的工作环境和发展机会。企业的文化应该是知人善任，让每个人都能充分发挥自己的才华和能力。我们应该给予他们充分的肯定和尊重，创造一个宽松的工作环境。这是一个考验我们每个企业家的时刻，我希望我们能够敬畏团队，敬畏每一个人。

我自己也曾经在不同的岗位上工作过，从基层员工到车间主任，再到科长和副职，我都有过亲身体验。我深知各种职位的困扰和纠结，找到最适合自己的位置才是最好的。

在中国，是为了走在科技发展的前沿

——对话采埃孚集团 柯皓哲

中国，是全球汽车产业变革的主阵地之一。2012—2023年，中国的汽车销量上涨56%，至2023年产销量连续15年全球第一。此外，随着新势力汽车企业、科技公司等跨界企业的入局，中国汽车产业充满活力。因此，中国成为很多外资企业不能忽视的市场，采埃孚也不例外。近几年，采埃孚在中国市场的本地化程度进一步加深，投资动作频频，经历了从中国销售、中国制造到中国研发的历史性跨越，中国市场在采埃孚的业务布局中拥有越来越大的决定权和话语权。

怎样看待中国汽车行业近几年的发展态势？采埃孚如何协同各区域市场不同的发展步调？又是如何看待技术颠覆在企业转型中所起的作用？2022年12月，盖世汽车对话采埃孚集团首席执行官柯皓哲博士（Dr.Holger Klein），一起来了解这家全球活跃的汽车零部件供应商在新技术趋势下的所思所想。

——→ 周晓莺与采埃孚集团首席执行官柯皓哲

周晓莺： 在您看来，影响全球汽车产业发展最重要的三个因素是什么？为什么？会给行业带来何种影响？

柯皓哲： 从技术的角度看，有三个因素最重要。其一，是动力系统的电气化，就是纯电动；其二，是软件定义汽车，这可能是最复杂的一个；其三，是自动驾驶。这些是我们看到的三大技术浪潮，对整个行业的影响最大。

就技术而言，纯电动革命在技术层面已经完成，当然还有很多地方需要改进。我们看好 800V 碳化硅技术，并为此进行了大量投资，已经是市场领导者。

软件定义汽车是一场真正的革命。我们之前在广州和小鹏汽车讨论过相关话题，我认为他们重新定义了赛道，而传统厂商需要迎头赶上。就软件定义汽车平台来说，越来越多的传统汽车制造商被挤出赛道。

最后是自动驾驶领域。该领域现在可能是"冬季"，很多人认为自动驾驶发展的速度不够快。但是，自动驾驶变革确确实实在发生。我将去美国参加 CES（国际消费类电子产品展览会），并将与 Zoox 讨论。这家公司已经在旧金山的街头运营自动驾驶车辆。在中国，自动驾驶变革也在发生。

在电动汽车领域，中国市场快速地实现了 30% 的市场份额。软件定义汽车的变革正在进行，而自动驾驶即将到来。

周晓莺： 正如您所说，电气化、零排放、软件定义汽车、智能出行、数字化，很多新技术涌入汽车行业，变化太快。对于传统企业来说，如何跟上潮流？

柯皓哲：许多传统企业需要转型，我们也是一样的。Tier 1（一级供应商）的模式正在改变，正从零部件的智能化发展到高性能计算单元和新的电子架构。

所以，我们都需要转型。新入局者的优势是没有历史问题，是全新的开始。然而，汽车是一个复杂的话题，需要满足所有的安全等级。这需要时间，而现有厂商可以利用这段时间强化自己的技术。每家企业都有自己的定位，重点是转型。我们都需要改革组织，不仅从技术层面，更要从思维层面。汽车发明以来，现在应该是最有趣的阶段。

周晓莺：传统汽车行业最优先考虑的是安全，但现在每个人都想拥抱新技术，想让客户和用户满意。这样会不会有点快？

柯皓哲：坦白来说，我觉得应该快，否则可能会错过这种技术颠覆。当然有很多东西需要学习，但如果适应得很快，可以学到东西。我认为中国不应该放慢这方面的发展。

汽车行业总是存在这样一个问题，就是规则是什么。全球范围内有很多监管规定，关于排放的法规，关于数据处理的法规，关于最新技术的法规，等等。就像足球比赛一样，需要确保至少在90分钟的比赛中，规则是稳定的。但是，有时规则太动态了。这时候需要更清晰和中长期的规划。但总的来说，技术发展的速度，是创新的一部分。速度更快、更具创新性、正在征服市场的人，会成为游戏赢家。

周晓莺：因为我们现在正处于一个全新的战场。

柯皓哲：是的。也有人会说，采埃孚是一家有100多年历史的公司，应该感到担心。有些东西正在彻底改变我们身在其中的游戏，但这是一个很好的机会。如果回顾采埃孚过去10年的历史，我认为颠覆是我们的朋友。如果把它当作一个机会，就可以快速发展。有这种心态，就能看到发生的变化，看到一些东西在成长。

我们的重点正在从变速器转移，到 2030 年，我们在电驱动领域所获得的订单量将超过 300 亿欧元，这是很大的规模。2014 年，当我开始在这家公司工作时，没有人会想到我们会在电动出行领域取得胜利，没有人会想到我们会做高性能的计算机，即我们的 ProAI。我们从 2017 年开始做 ProAI，现在已经实现量产，并将成为软件定义汽车的核心部分。这太令人兴奋了，并激励着我，赋予我激情，而且这也推动着我们的团队。

采埃孚"采睿星"ProAI

周晓莺：这是整个公司的发展。

柯皓哲：是的。

周晓莺：在采埃孚收购天合之后，您带领团队成功地实现了对天合的整合。整合的重点是什么？如何增强协同效应？

柯皓哲：8 年前我加入采埃孚时，采埃孚的业务非常聚焦，我称之为"博登湖（Lake Constance）沉睡的巨人"。当时，采埃孚的营收在 180 亿欧元左右，在全球汽车供应商百强榜上排第 17 或 18 名，业务十分集中在内燃机技术领域，变速器是核心业务，还有一些与机电一体化相关的业务。

因此，我们必须明确前进的方向。当时，我们觉得汽车行业会发生巨大的变化，而天合当时对ADAS（高级辅助驾驶系统）技术进行了较大的投资，包括摄像头、雷达等，并非常注重软件，与我们的产品十分互补。有些技术终将消失，而收购天合是我们快速摆脱依赖这些技术的机会。这是一个很大的赌注。我认为，当时的首席执行官Stefan Sommer非常有远见，采取了正确的做法。但是，唯一被低估的是，新趋势以比预期更快的速度发生了。

起初，我们希望利用这个机会收购一家与采埃孚规模差不多的公司，然后结合两者的优势。我们快速整合，组合产品阵容，但是需要确保不失去业务动力。不要丢失业务动力，可以说是主要的优先事项。

收购之后，我们变得更加全球化，在北美洲底特律也立刻派驻董事会成员，并决定在亚太区派驻董事。我当时负责整合工作，并于4年后来到中国。从最开始的战略制定到最后来到中国工作，对我来说，这是极大的荣幸。

收购天合是一个重要的里程碑，而我们在2020年也做了类似的事情，就是收购威伯科，非常相似的情节。这次也是收购一个在纽约证券交易所上市的公司，也是一个市场领导者，也与采埃孚有着互补的产品组合。只不过，这次的重点不是乘用车领域。天合主要专注于乘用车，而这一次的重点是商用车。我们和威伯科一起成立了商用车解决方案事业部，可能会成为商用车领域的领导者之一。

周晓莺： 对于传统企业的转型，兼并收购是个有效的方法吗？

柯皓哲： 兼并收购并不是没有风险，也不是没有痛苦的。采埃孚所付出的代价是，负债率相当高。因为我们是在2020年进行的投资，就当时来看，能够抓住像威伯科这样的明珠企业是个很大的机会，但当时并不是一切都在掌控之中。比如，发生了疫情。我们需要更勇敢，希望能够渡过难关。因为从技术的角度看，没有其他选择，但是我们意识到我们需要控制风险。

当时没有人知道疫情会持续 3 年，并且整个行业此后又出现了一个又一个危机，比如半导体短缺、冬季风暴、供应链中断、俄乌冲突等。这一切造成了巨大的动荡。没有人会预料到这些，但我们成功应对了。现在我们的处境比以前更加有利，因为我们有完整的产品组合，并且仍然是技术竞赛的参与者，而有些企业可能已经迷失了方向，可能转型的速度不够快。不过，一切都是有代价的，需要管理风险。

周晓莺：事实上，兼并收购并不容易。那么如果想要兼并收购成功，关键在于什么？

柯皓哲：如果看统计数据，可以看到只有少数的兼并收购达成目标。为什么呢？因为企业可能低估了将不同公司和不同文化融合在一起的复杂性。企业文化可能是最被低估的话题，但是这对于公司的成功非常重要。这是我们非常关注的问题。我们做得完美吗？很可能不是，但我们一直认为这推动着我们反思工作方式。

外面的人加入公司，成为同事并带来想法。有两种处理方法：一种方法是"这就是我们的方法，你们去适应"，或者"让我们看看两者最好的地方""让我们进行一场简短的辩论""看看我们能从彼此身上学到什么"。如果有我们可以学习的地方，我们就会适应，这是我们的选择。这是非常非常重要的，我们学到很多。当然这并不是一帆风顺的，但我们适应得足够快。把不同的文化成功融合在一起可能是最难的。

周晓莺：采埃孚拥有全球化布局，而不同的市场有着不同的情况，政策、文化、管理和运营环境，甚至在行业发展的步伐上都有所不同，采埃孚如何处理不同并实现协同？

柯皓哲：一方面，文化是一个非常重要的因素。我们已经明确了采埃孚的方式，我们的价值观、运营方式，基本上全球各地都一样。另一方面是多样性。我们试图成为一家越来越多元化的公司，多元化意味着各种各样的多元化。现在在欧洲，管理层中有很多女性，我身边有很多优秀的女性管理者。在我的团队中，女性的比例非常高。还有不同的观点、不同的国籍、不同的教育背景等。

多样性是全球团队工作的一部分价值观。预期也非常重要，因为我们需要考虑未来，预测即将到来的颠覆性因素，并保持胜利。这就涉及赋权和担当。我们相信管理团队的成员，他们也需要承担一定的责任，被授权去做正确的事情。中国团队有能力开发中国市场，这里的领导层是完全被授权的，但他们也要对结果负责。如果谈及我们管理文化的方式，全球都一样。我们是全球性的公司，但由于有赋权，我们又是区域性的。

采埃孚新一代电驱动桥

在技术方面，在软件产品、电子产品等领域，我们推出了最新的技术，包括逆变器和电驱动。我们可能会宣布在碳化硅领域加大投资。但是不能在任何地方都进行同样的投资，而是需要创造协同效应。

以辅助驾驶为例，我们在乘用车领域的实力很强。随着产量的增加，我们在商用车领域也创造了非常有竞争力的产品，形成交叉利用。截至目前，我们在可再生能源领域也成为重要的参与者，全球几乎四分之一的风车都有我们的组件、变速器，甚至动力模块。

碳化硅也很重要。无论在哪里转换能量，都需要通过一种逆变器。我们交叉利用技术，同时拥有共同的价值观、相同的工作方式。当然，作为一个全球组织，不可能到处都有 IT 安全中心，可能只是在某个地方。比如，我们在上海设有 IT 创新总部，并且面向世界上其他地区，全世界在共享服务。

周晓莺： 2018 年以来，您就在上海工作。

柯皓哲： 是的。

周晓莺： 在上海工作的感觉如何？

柯皓哲： 我来中国，是因为我真的很想参与中国事业。在我看来，汽车行业的新篇章最有可能发生在美国西海岸或中国。我想成为其中的一员，想感受活力和科技。中国的消费者几乎沉迷于创新，每个人都很注重数字化，每个人都在寻找最新的创新、最新的技术，这创造了一个奇妙的环境。

所以我就想："嘿，如果我想自己了解这个行业，如果我想成为这个充满活力的增长型市场的一部分，我需要去那里。"当我们和家人决定来中国的时候，每个人都同意。这是一种经历。

周晓莺： 举家搬迁。

柯皓哲： 全家人都同意搬家，因为他们也想要冒险，想要学习经验。4 年过去了，我们没有失望。即使是防控和疫情之类的事情，也可以这么说，需要看积极的方面。我有机会真正了解我的邻居们。这是一个很棒的社区，每个人都互相帮助，没有人垂头丧气。我一直与全球的同事们分享这里的情况，他们很久没来这里了，没有看到和关注技术的发展。而我现在与中国主机厂、朋友和技术公司一起，不断地对话，成为社区的一部分。我真的很享受这里的生活。

周晓莺： 那您在这里工作最大的挑战是什么？

柯皓哲： 在中国？

周晓莺： 是的，您是怎么应对的？

柯皓哲： 语言是一个挑战。这是需要努力解决的问题。当我刚来的时候，每个人都告诉我这很难，"你永远也学不会它"，等等。我还在继续学习。我在微信上学习，每周跟老师有 3 次微信通话。学习语言让我有机会和司机进行随意的讨论，方便购物和在全国各地旅行，非常有用。

当然，语言让你有机会接触到文化。这非常重要。如果来到中国是为了成为中国的一部分，那么语言是必需的。我很失望，因为我会说四种语言，但是中文是迄今为止最弱的，而且大概率是不会说得流利了。但在某种程度上，我至少在努力，在继续努力。

周晓莺： 回顾过去 5 年，您认为中国汽车行业发生了什么，采埃孚在中国的业务又发生了什么？

柯皓哲： 当我来的时候，我们希望在中国加大投入。2018 年，我们考虑在中国建立一个全球总部，就像我们在底特律、在腓特烈港的总部一样。我们将全球功能带到上海，而我自己就肩负全球。我一直负责亚太地区，同时也在管理全球乘用车底盘业务和全球售后市场，两年后我又开始负责全球生产业务。

采埃孚广州技术中心效果图

在一家跨国公司，能在上海履行全球职责是一种很棒的体验。不仅仅是在中国为中国，而是在中国为全球。我们的进展确实不少，新开数家工厂，在已有两个技术中心的基础上又新设了两个技术中心，一个位于嘉兴，另一个位于广州。我们跟随客户一起不断扩大业务布局，大幅提高了中国主机厂客户的份额，市场份额超过 30%，现在达到 40%。

在 20 世纪 80 年代，跨国零部件企业与客户一起进入中国市场，就像我们一样。不管谁来中国，作为供应商都会陪同进入。在过去的几年里，我们也与小鹏、蔚来等新势力汽车企业一起成长。再比如长城、长安汽车的转型，所有这些都是我们非常尊敬的客户。我真的很开心看到它们的发展，也很开心我们能为之做出贡献。事实上，我们的完全本地化能力在其中做出了很大的贡献。

这也是我们变革的地方。不要等待德国或美国醒来，告诉我们如何做。在这里，我们拥有自己 100% 的本地化工程能力，拥有供应基地，并真正实现本地化。在某种程度上，疫情是一个巨大的推动力，它加速了一切，比如帮助我们在这里发展团队，一夜之间，团队变得非常自给自足，并得到了建立能力需要的所有支持。

很高兴看到市场发展的过程，也很高兴成为本地生态系统的一部分。我们还首次投资中国本土初创公司，即天瞳威视，这是我们第一次在中国入股初创公司。而这也只是成为技术生态系统一部分的起点。过去 5 年间，我们成为中国生态系统中不可分割的一部分。

周晓莺：正如您刚刚所说，在过去的 5 年里，采埃孚一直在中国投资本地化、研发和对当地客户的支持。您对未来的中国市场和采埃孚中国团队有何期待？

柯皓哲：中国市场将是全球为数不多的持续增长的市场之一。从全球来看，中国市场占全球市场的 30% 以上。这是一个需要非常认真对待的市场。如果能把它与技术推动结合起来，创新就变得非常明显。在中国，并不是为了量，而是为了走在科技发展的前沿。我真的相信，真正的创新在于多样性，能将正确的技能结合起来，推动我们在这里尽可能实现新发展。

在中国，我们也拥有越来越多的组织。这很重要，因为需要与当地的生态系统联系起来。我们的中国领导层也是全球领导层。他们是中国人，却是全球领导者。目前，我们在中国有两万名员工，其中有 26 名外籍专家——外籍专家不算多。对于中国同事，我经常鼓励他们出国成为国外专家，获得经验，然后回到中国，加强相互之间的联系。因为在技术方面、在行业平台方面，我们需要这些经验，并成为全球团队的一部分。这是跨国公司全球布局的优势所在。

现在，我们也可以帮助很多中国客户进军全球市场。不久前，我们与蔚来汽车宣布在线控技术领域建立合作关系。蔚来汽车正在欧洲市场进行扩张，长城汽车也在做同样的事情，吉利汽车、MG 在欧洲也很成功。因此，我们不仅在中国市场有一个美好的未来，也会跟随客户向其他市场拓展。

周晓莺：其实，中国的主机厂很希望能走向国际市场，不仅仅是在中国竞争，而是在全球竞争。在这种情况下，采埃孚有着自己特有的优势，是吗？

柯皓哲：这是个很有趣的现象。20世纪80年代，供应商跟着外资主机厂进入中国市场，而现在是跟着中国主机厂离开中国回到欧洲。

周晓莺：这是一个循环。

柯皓哲：是的。欧洲的高端主机厂都喜欢竞争，因为竞争让我们更强大。曾有人说过一个德国汽车行业的规则，就是德国仅有8000万居民，但是为什么汽车行业如此具有创新性？大众、奥迪、保时捷、奔驰、宝马等品牌都在这个小市场上竞争，而且都努力做得比对手更好。这种积极的竞争环境推动了各自的发展，创造了行业的优势。德国还有采埃孚、博世、大陆等零部件供应商，一样的道理。

真正的领导者享受公平和自由的竞争。如果感受不到竞争的压力，可能是在打瞌睡，不是好事情。

周晓莺：强者喜欢竞争，而且会找到出路。

柯皓哲：是的。

周晓莺：那么，对于在中国工作生活且希望工作得更出色的跨国公司外籍高管来说，什么才是最重要的呢？有什么经验可以分享吗？

柯皓哲：首先，全球高管的思维是全球化的，但行动是本地化的。在我的职业生涯中，我有幸在欧洲的两三个国家生活，在墨西哥和北美也曾生活过，年轻的时候在新加坡国立大学学习过，最后和家人一起来到了中国。这种灵活性十分有益，而且需要谦虚地学习，需要好奇心，但是不去评判。

旧思想很难克服，可能会说"为什么这样不行""为什么他们不这样做""为什么他们不明白"，但也可以说，"嘿，为什么会这样？也许这是有原因的，也是明智的。"你会变得非常谦逊，这也是我喜欢中国的原因。

周晓莺：思想开放。

柯皓哲：思想开放而且谦虚，是非常重要的。如果来中国，不是从事业的角度出发。有些人来是因为在特定的时间点，这是一个自然的职业阶段，可能是需要去中国，然后在两三年后走上职业阶梯的下一个台阶。我认为这是错误的。如果是这种心态，就不会度过我们曾经经历的危机时期。

2021 年年底或 2022 年年初的时候，我们的一幢办公楼出现了一例新冠病毒病例，然后被封锁。我们的同事开始在这里露营，然后被转去隔离。这里设有我们的 IT 服务中心，但是有人意识到他们是在隔离时坚持工作吗？没有人。他们坚持履行自己的职责。即使是在困难的情况下，他们也在尽最大努力保持"引擎"运行。对我来说，这就是中国精神。不要问为什么不行，而是要问为什么不能奏效以及如何奏效。如果你在这儿，你会爱上这里，会感受到激情。

需要有简单的心态，试着去理解这种丰富的文化，几乎没有哪种文化比中国文化更丰富。我觉得，我对中国的了解永远不会停止。

周晓莺：谢谢您能这么说。我认为这是中国文化的一部分。越来越多的公司意识到人才是最重要的资产。在现在的乌卡时代[⊖]，我们看到汽车公司都在转型，也有很多新技术。您认为应该采用什么样的方法来培养人才？

柯皓哲：我们谈论人才战已经有 20 年了，但现在，这变得非常明显和有影响力。领导力对于吸引、培养和留住人才非常重要，这是基本的流程。首先是吸引人才。如果观察刚从大学毕业的人，他们可能会有一定的期望。他们会

⊖ 乌卡时代（VUCA）指易变性（Volatile）、不确定性（Uncertain）、复杂性（Complex）和模糊性（Ambiguous）共存的时代。

说："我不想成为一个数字，坐在角落里的桌子上工作""我想看到一个明确的目标，我在做什么？它必须是有意义的。我需要有个发展和学习的机会。"如果企业不能满足这一点，就很可能在吸引优秀人才方面处于劣势。但这不仅仅是薪酬的问题，我认为薪酬只是基本保障因素。

周晓莺：是的。

柯皓哲：当然需要一个公平的薪酬，但剩下的所有都是关于如何培养和留住人才的问题。这个问题又回到了领导力。也就是说，谁能与团队建立伙伴关系，并真正培养出才能。我们已经启动了很多人才项目，试图发现最优秀的人才，并加速他们的职业生涯发展。怎么能跳两步呢？这不是传统的等级制度，而是把人才扔进水里看他们会不会游泳，而我们有足够的判断力来选择合适的人才。在中国，人们渴望学习，如果企业不给机会，他们可能会离开，而外面又有足够多的机会。

周晓莺：员工的流动性很高。实际上，这是所有公司都头疼的问题，所以如何激励员工，如何建立一个优秀的团队成为所有高管的首要任务。您对此有什么看法？

柯皓哲：吸引和留住顶尖人才是每家公司 CEO 面对的核心话题之一。职业发展项目很重要，它创造了学习的机会，让人们觉得他们参与了重要事情的一部分，这也是回归目标。如果问采埃孚的目标是什么，我们遵循"零"愿景，即零事故和零排放，为更美好的世界做出贡献。这是我们正在做的事情。顶尖人才会问这些问题，而不仅仅是薪水。

周晓莺：需要激情。

柯皓哲：是的，必须有激情。

周晓莺：关于如何取得成功，成功的职业发展，您能给年轻人一些建议吗？

柯皓哲：过去适用的方法，不一定适合未来，但会有一定的帮助。

良好的教育是基础。所以，在学校保持清醒，学习功课，上一所好大学。我觉得学科没有那么重要，重要的是擅长这个学科。激情非常重要。如果对某件事充满激情，你就会很擅长。公司可能会考查学业方面的成绩，也可能会考查课外活动的情况，后者能表明你是不是一个团队合作者，可不可以与人建立联系，这也是未来领导力的基础。

无论进入公司后是否从事大学所学的专业，快速学习的能力很重要，这是一件不会停止的事情。我学的是机械工程，但现在我每天都在谈论软件。当我还是个学生的时候，我从来没有想到这会变得如此重要。

当然，还需要有终身学习的态度。如果你从一个组织开始，只专注于一件事，做一个普通的团队成员，了解公司的社会环境，然后学习如何与团队打交道。这是学徒模式，这样能了解动态、了解组织，保持谦卑和渴望，学习，然后升职，但你要了解细节。最终，你可能会达到一个级别。即使在我这个级别，我也会说拥有这种经验非常重要，因为这样你就可以到车间与人们讨论真正发生的事情，而不全是 PPT 或演示文稿。

如果你想成为全球领导者，就去不同的国家工作。这非常重要，因为你会改变观点，离开舒适区。比如，我来中国和去墨西哥，会感受到不同的文化。这是一种挑战，包括食物、交流方式和交通状况等。

然后是公司文化，真的能学到很多。你会质疑自己，但你会成长很多。走出舒适区，你会成长得更快。因此，要挑战自己，保持求知欲，继续学习，享受你正在做的事情。我认为，对某件事充满热情的快乐最终会让你在这件事情上变得出色。不要因为一直想当老板，所以妥协、试着忍受所有的难题，这样的人没有热情。

周晓莺：我认为这些建议很有价值。2023 年即将到来，这是一个全新的开始。那么，您有什么新年愿望？

柯皓哲：少点危机，一个没有惊喜的正常年份是我们能得到的最好的惊喜。我非常期待全球能恢复常态化的合作，也非常期待看到国际同事来上海参加车展。如果一切再次正常化，那么将是很棒的一年。

周晓莺：谢谢您今天的分享，非常感谢。

柯皓哲：也很谢谢你，每次跟你们沟通都很开心。

🌐 企业介绍 ●

采埃孚是一家全球性技术公司，致力于为乘用车、商用车和工业技术领域提供领先的出行产品和系统。采埃孚为运输和移动出行领域的汽车制造商、出行服务提供商以及初创公司提供广泛的产品选择。采埃孚能为各种车型提供电驱动解决方案。凭借其产品组合，采埃学始终致力于推动节能减排、环境保护以及出行的安全性。除了乘用车和商用车领域，采埃孚还服务于工程机械和农业机械传动系统、风电系统、船舶推进及轨道车辆驱动和测试系统等细分市场。

采埃孚集团 2023 年的销售额达到 466 亿欧元。集团目前在全球 31 个国家设有约 162 个生产驻地，拥有约 16.87 万名员工。

抓住行业变革契机，持续加大在华投资研发力度

——对话法雷奥中国 周松

2020年，中国政府明确提出2030年前实现碳达峰、2060年前实现碳中和的发展目标，并将其写入"两会"政府工作报告。自此，中国汽车产业开始加速向新能源方向迈进，新能源乘用车市场也开始呈现出前所未有的火爆走势，市场渗透率节节攀升。与此同时，L2级及以上智能驾驶辅助系统也在乘用车领域快速普及。相关数据显示，2023年上半年，中国L2级新车装车量已超过40%，占有率大大超出前期技术路线的预估。

面对中国电动化、智能化的飞速发展，作为世界领先的汽车零部件供应商之一的法雷奥如何迎头而上？在全球"碳中和"的发展进程中，法雷奥又如何调整自身的业务结构来适应市场的发展？2022年11月，对话嘉宾——法雷奥中国总裁周松先生为我们讲述了法雷奥变革路上的故事。

——〉 周晓莺与法雷奥中国总裁周松

**访谈实录** ●

周晓莺：当前，全球就碳中和达成共识，中国方面也已明确提出"3060双碳"目标，据您观察，"双碳"目标已经为汽车产业带来了哪些改变，未来还将如何影响汽车产业？

周松：碳中和是关乎人类命运的共同话题，各行各业都在积极应对，整个汽车行业也在大力投资。目前，道路运输业碳排放量占全球碳排放量的18%，所以，新能源汽车的推广、汽车电动化的发展，以及对多种替代燃料的探索是汽车行业当前和未来相当长时间内的主要任务。

除了汽车使用环节，减碳目标也会影响到制造端。很多汽车企业和零部件企业都制定了自身工厂的碳中和时间表，同时对供应链也提出了相应的要求。法雷奥自2010年以来一直将减少二氧化碳排放作为战略的核心之一。

法雷奥承诺至2050年实现碳中和，至2030年达到该目标的45%，并制定了相应的减碳战略和计划（内部称为 Carbon Reduction Plan，CAP 50）。同时，我们为供应商也设定了相应的二氧化碳减排目标。

周晓莺：法雷奥在碳中和领域采取了哪些具体措施？

周松：如前面所说，法雷奥从2010年以来，一直将减少二氧化碳排放作为战略核心之一。为了实现该目标，我们正在采取或即将采取以下措施。

投资升级工厂，将碳排放最密集的工厂改造成为高能效基地。目前，风能、太阳能等低碳能源占集团能源消耗的比例逐年上升，预计在2030年会上升至80%。与此同时，法雷奥还为供应商设计了相应的二氧化碳减排目标，以及增加低碳排放材料的使用。

采用法雷奥动力总成的车辆

在产品的设计以及交付方面，法雷奥继续扩大有助于低碳出行的技术组合，特别是汽车电动化的解决方案。法雷奥目前在这一领域处于行业领先地位。

在行业合作方面，2022年2月，雷诺、法雷奥以及法雷奥西门子达成战略合作伙伴关系，在法国联合设计开发制造新一代的无稀土电驱动系统，进一步减少碳排放。

2022年7月，法雷奥将高压电动化领域的行业领导者——法雷奥西门子这一合资公司完全整合到法雷奥动力总成系统事业部，进一步强化了法雷奥在电动化领域的领导地位。

2022年11月，法雷奥发行了价值7.5亿欧元的低碳排放发展债券。

周晓莺：国内自动驾驶技术发展至今，大部分量产车只实现了L2及L2+级的辅助驾驶，实现L3级功能的仍在少数。您认为哪些因素阻碍着自动驾驶进入L3时代？法雷奥对此有何解决方案？

周松：法雷奥同样是高级驾驶辅助系统（ADAS）领域的全球领导者。在 ADAS 领域，法雷奥的产品包括摄像头、超声波传感器、激光雷达等车载视觉信息采集设备，以及域控制器等信息和数据的管理设备。

我们认为，L3 级自动驾驶实现的过程中，主要挑战始终来自技术发展的成熟度，法律法规的适配性、时效性，以及成本。其中，激光雷达是实现 L3 级及以上自动驾驶必不可少的设备。

目前，法雷奥的激光雷达已经被装配在奔驰 S 级，以及本田等品牌的车型上，帮助这些车型在不同的国家实现 L3 级自动驾驶。

周晓莺：在软件定义汽车的新时代下，汽车核心零部件向智能化、集成化趋势转变，由此也让一些传统零部件公司的内核发生转变，有部分头部企业甚至不再满足于 Tier 1 的定位，而是向着"Tier 0.5"加速转型。对此，法雷奥是否会进行相应的战略调整？

周松：第一点，作为 Tier 1 企业，我们需要不断调整自己的角色，我们需要根据合作伙伴、供应商的市场需求来承担不同的角色，在此方面法雷奥是非常灵活以及开放的。

第二点，法雷奥无论在硬件还是软件方面均加大了投入。例如，法雷奥在武汉建立了电子及软件研发中心，在 2022 年年底会达到 1300 人的规模。该研发中心不仅服务于中国，也将服务于全球。

第三点，法雷奥始终秉承着开放式创新的理念，在加强内部产品创新优化的同时，也在积极与高校、学术机构、创新科技企业展开合作，通过开放式的创新合作，提升未来业务的竞争力。

周晓莺：法雷奥目前有动力总成系统、热系统、舒适及驾驶辅助系统、视觉系统四大业务板块，请问各业务板块在公司的业绩占比是多少？各自的发展前景如何？

周松： 法雷奥四大事业部的发展相对是比较均衡的，占比也比较接近。2022 年上半年，四大事业部的销售额基本在 19 亿~26 亿欧元之间。

其实早在 2010 年，法雷奥就提出了二氧化碳节能减排和开发直觉驾驶技术两大战略。2022 年年初，我们在两大战略的基础上，基于过去近 10 年的发展战略，并结合汽车行业未来的发展趋势，进行了一些延展和扩充，提出了"Move Up"计划，确定了四大事业部的增长模式。

具体来说，"Move Up"战略包括四个方面，分别是加速实现电动化、加速实现高级驾驶辅助、重塑舱内体验和全域智能照明。在这四大方面的战略指导下，法雷奥制定了以下具体举措。

第一个方面，在电动化方面，法雷奥提供了从低压到高压的全系列电动化解决方案，在热系统方面开发了相应的热管理和电池管理解决方案。将低压、高压和热管理解决方案三个方面的专业知识相结合，加速汽车电动化发展，推动动力总成系统和热系统事业部的业务增长。

第二个方面，高级驾驶辅助技术的应用以及普及会给法雷奥舒适及驾驶辅助系统事业部带来更多的业务增长空间。目前，法雷奥在该领域也处于行业领先地位。在该领域，我们拥有超过 30 年的生产和交付经验。法雷奥激光雷达早在 2018 年就获得了《美国汽车新闻》的 PACE 奖。

第三个方面，在重塑舱内体验方面，法雷奥拥有满足乘客更安全、更具沉浸式和更具互联的驾驶体验需求所需要的硬件和软件。法雷奥的驾驶员监控系统于 2020 年在中国全球首发，该系统可以识别驾驶员的身份，并且监测其疲劳分心程度，有效降低事故的发生概率，同时还能定制车舱内的氛围，提升驾驶乐趣。

第四个方面就是我们的全域智能照明，法雷奥在车内、车外照明方面的设计和产品也处于领先地位，并具有长期的竞争力以及潜力。法雷奥第三代的超薄 LED（发光二极管）模块荣获了 2022 年金辑奖，这是全球首款量产的超薄透镜 LED 前照灯模组，功能完备，可以实现近光、远光以及防眩目远光的各项功能，可以让车辆的外观造型更具科技感，同时保证了极高的性价比。

周晓莺：在"Move Up"计划中，中国市场扮演着什么样的角色？

周松：中国市场毋庸置疑是最重要的组成部分。其实，法雷奥在 2010 年提出二氧化碳节能减排以及直觉驾驶战略时，也提出了需要在新兴市场加速布局。

我一直认为，法雷奥中国是这两大战略的交汇中心，因为二氧化碳节能减排以及高级驾驶辅助方面，中国不但处于全球领先地位，且在新兴市场中也是最具发展潜力的国家之一。

法雷奥热管理系统

周晓莺： 2023 年 7 月，法雷奥完成了对西门子在法雷奥西门子新能源汽车合资公司 50% 股份的收购，这个举措对于法雷奥本身的业务发展会带来哪些影响？

周松： 完成对法雷奥西门子另外 50% 股份的收购后，法雷奥集团持有前法雷奥西门子新能源汽车合资公司 100% 的股份。该公司是高压电动化领域的领导者，目前已经完全整合到法雷奥动力总成事业部。

这项战略交易巩固了法雷奥作为电动化领域主要领导者的地位，使得我们可以提供从低压到高压的电驱动解决方案，覆盖我们客户的几乎所有用途和需求。

同时，法雷奥也完成了对投资股东的承诺，从 2021 年到现在，法雷奥在电动化领域的投资超过 40 亿欧元。

周晓莺： 2022 年第三季度，在疫情、芯片短缺等多种不利因素的情况下，法雷奥集团销售额实现了同比 33% 的高增长，请问取得这一成绩原因是什么？

周松： 其实不止第三季度，包括前一段时间，法雷奥的销售额增长都是超出市场预期的，这是我们坚持"Move Up"战略的阶段性成果。

拆分到具体事业部来看，法雷奥高级驾驶辅助在第三季度的增长是 53%，而得益于法雷奥西门子的高压业务完全整合到法雷奥动力总成系统，法雷奥集团电动化业务在 2022 年第三季度的增长高达 61%。在这两大事业部的促进下，法雷奥集团 2022 年第三季度的总体增长达到了 33%。

周晓莺： 现在中国本土 OEM 在用户使用场景和新技术的探索应用上发展非常快，当然这种需求也直接传导到供应链上，我们看到有很多企业在加强中国本土化的研发，请问法雷奥在此方面有哪些探索？

周松：中国正在引领汽车行业的变革，这里不仅有广阔的市场空间，而且在汽车产业人才、创新环境和政策支持等方面也提供了更好的本土研发条件。

对法雷奥而言，中国是法雷奥最重要的市场之一，我们在中国拥有 13 个研发中心和近 4000 名研发人员。法雷奥一直非常重视中国市场，持续加大在华投资和研发力度。

例如，法雷奥位于武汉的电子及软件研发中心，是法雷奥全球范围内最大的研发中心之一。2021 年，我们进一步拓展了该研发中心的规模。

2022 年年初，在创新出行领域，法雷奥在北京成立了中国创新与移动出行中心，以应对中国以及全球市场在移动出行方面的前沿需求。

2022 年 8 月，法雷奥和华中科技大学共同成立了振动噪声的联合实验室，致力于汽车振动、噪声以及舒适度领域的研发以及人才培养，这是法雷奥在中国设立的首家，也是全球第二家振动噪声联合实验室。

周晓莺：对于亚太地区，尤其是中国市场，法雷奥有何新的发展方向和中长期规划？

周松：法雷奥自 1994 年进入中国以来，一直非常重视中国市场。我们经历了从"中国制造"到"中国研发"，扎根中国，服务中国的全过程。

如果按照销售额和员工人数来统计，中国已经成为法雷奥最大的单一市场国家。截至 2021 年年底，法雷奥在中国拥有 33 家工厂、13 个研发中心和近 19000 名员工。2021 年，法雷奥在中国主机厂配套销售额达到了 22.6 亿欧元，同比增长 5%，占集团主机厂配套销售额的 16%。

未来，我们将持续强化法雷奥在中国的投资和研发力度，抓住行业变革的契机，推动法雷奥在电动化、高级驾驶辅助、重塑舱内体验以及全域智能照明这四大方面的发展，并且持续为我们的客户创造出新的价值。

🌐 企业介绍 ●

法雷奥是一家移动出行领域的高科技公司，也是全球所有汽车制造商以及移动出行参与者的合作伙伴。法雷奥致力于通过不断创新使移动出行更环保、更安全、更智能。法雷奥在电动化、高级驾驶辅助系统、重塑舱内体验和全域智能照明领域享有技术和行业领先地位。这四个领域对于移动出行的转型至关重要，并将在未来几年推动集团的增长。

2023 年，法雷奥集团实现销售额 220 亿欧元，在全球 29 个国家和地区拥有 175 家工厂、66 个研发中心、20 个分销平台及 112700 名员工。法雷奥在巴黎证券交易所上市。

自 1994 年进入中国以来，法雷奥一直恪守"扎根中国，服务中国"的原则，致力干为客户提供满足市场需求的创新技术。如今，就销售额、员工人数及研发人员而言，中国市场已成为法雷奥集团最大的单一国家市场。2023 年，法雷奥中国整体销售额达到 300 亿人民币，同比增长 10.4%。法雷奥在中国拥有 35 家工厂、14 个研发中心和超过 18000 名员工，其中，研发人员超 4500 人。

从"中国制造"到"中国创造"，法雷奥现已成为中国主机厂和汽车创新生态系统的重要合作伙伴，法雷奥中国业务订单超过 50% 来自中国主机厂客户，包括传统汽车企业和新势力汽车企业。在电动化、智能驾驶、软件定义汽车和中国品牌"出海"等方面，法雷奥将持续为客户提供支持。

跟上中国速度，跑在市场变化之前

——对话安波福 杨晓明

　　中国的 OEM 愿意倾听消费者的需求，并且反应速度极快，这就要求供应商解决方案的应变能力更加灵敏。作为一家紧跟时代步伐的公司，安波福一直以来对市场具有正确的预见性和策略方向的远见性，这在过去三四十年伴随中国汽车行业的发展历程中尤为突出。

　　中国在全球新能源汽车市场扮演着怎样的角色？安波福对于现阶段新能源汽车电气化和智能化发展有何洞察？安波福要如何走好自己的路？2023 年 8 月，对话嘉宾——安波福中国及亚太区总裁杨晓明博士讲述了安波福与中国汽车市场电气化、智能化发展进程的故事。

——⟶ 周晓莺与安波福中国及亚太区总裁杨晓明

访谈实录

周晓莺：我们看到现在汽车行业，中国市场电气化的发展如火如荼，而且产品的投放速度也越来越快。从您的角度怎么看待现在中国汽车市场电气化发展的新阶段？

杨晓明：我觉得电气化不光是一个中国的现象，电气化转型实际上现在是全世界汽车市场的一个大转型。那么对于这次转型，我总结了以下两个特点。

第一个特点是带有深厚的中国元素，中国的迭代速度，中国的降本能力，这是第一次看到汽车市场在转型过程中有浓重的中国特色。

第二个特点就是创新，日新月异的创新数量，可能远远超出了以前几次转型。比如，最近一次转型主要集中在增加每升燃油的行驶里程并降低排放。从最近一次转型和现在这次电气化转型的对比来看，电气化的转型中各项创新的速度和迭代的速度远远超过以前。

更重要的一点，现在是信息化的时代，跨行业的技术融合也是这次转型的重要特点。当然，这个特点是跟中国的特色紧紧连在一起的。

周晓莺：我们也看到现在汽车产业里，企业都在重新进行自我定位，不管是汽车企业本身，还是生态链上的合作伙伴，零整关系（零部件企业与整车企业的关系）是不是跟原来已经大不相同？

杨晓明：作为一家系统供应商，我们要给整车企业提供系统化的服务。相对来说，我觉得整个行业的基本关系并没有改变。

但是，我觉得有两个方面必须得变。一是产品结构不一样。以前是以传统燃油汽车机械产品为主的整车和供应商之间的关系，产品电气化以后，整个动力总成发生变化，这必然带来新的关系，新的界限要重新定义。比如，以前电池并不在整车里面占那么大的份额，现在整车厂、系统供应商和电池商之间的关系，就是一种新型的关系。

另外一个很重要的因素，就是软件进入了正在转型的产业里。软件进来之后，整车和零部件企业之间的关系肯定要变化。那么，现在到底谁做什么？哪一部分由谁来完成？我觉得这个变化，造成了现在大家认为整零关系在变化。

周晓莺：核心本质没变。但因为产品和交付的内容有差异，所以合作的模式可能会跟原来稍有差异。

杨晓明：现在很多业务模式在变化，比如软件进来之后，带来了一部分新的市场。还有软件带来的大量数据怎么管理、怎么处理，由此形成的产权市场这些东西怎么定义，以什么业务形式合作，正在一个磨合的阶段。

周晓莺：软件定义汽车，现在已经变成一个行业共识，而且已经有产业化的进步，在实际影响我们的产品和生态链。您怎么看待软件定义汽车现在的发展阶段？还有哪些挑战？

杨晓明：我们一直在用一个词叫"软件定义的汽车"，因为很多人一提到软件定义汽车，就好像是硬件变成了辅助。我们一直在说，作为新一代移动出行平台的未来的汽车，是一个软件定义移动出行平台。

软件定义移动出行平台存在以下挑战：传统的硬件和软件融合在一起，设计理念必须得改，软件和硬件要分离出来，因为软件需要不停地迭代。需要建立一套完整的结构框架支持软件的迭代，同时又保证硬件在成本变化很小的情况下支持软件迭代，所以软件、硬件要分离。安波福2017年在CES上推出了SVA™下一代的电子电气架构，就是在为软件定义汽车做准备。

软件定义的汽车带来的好处非常大。第一，软件迭代速度快，同时，下一代电子电气架构让很多功能非常容易实现。我们的下一代电子电气架构，把数字传送和计算分离之后，可以用两个计算中心，这样可以形成一个更安全的环境。第二，数据要跟云端连接起来。因为智能汽车不仅是单独的汽车，还要跟将来的城市智能化系统连接起来，这会有很多挑战。

安波福智能汽车架构（SVA™）

周晓莺：我们也提到有很多机遇，它有所谓的终极形态吗？

杨晓明：我觉得很难说，终极形态肯定有一个强大的电子电气架构。未来的电子电气架构可以支持软件迭代和软件的数据更新，这应该是个终极。软硬件分离之后，硬件怎么变，整套软件支持系统都支持；软件怎么变，整套硬件支持系统也可以支持，这应该是比较理想的状态。

周晓莺：安波福在智能化方面布局比较超前，我们注意到 2022 年安波福完成了对风河的整体收购，收购背后有什么样的思考？

杨晓明：我们在推动电气化进展之前，已经看到了未来移动出行平台涉及几个方面：安全、互联及绿色。所以我们把传统业务剥离掉，2018 年，我们把最后一个与燃油汽车有关的动力总成剥离完成之后，剩下的产品线都是围绕这三个方面布局的。

但是在这一次转型中加入了软件的要求，我们作为传统的系统供应商，为了支持未来新的电子电气架构，必须得有软件。汽车智能化的前提，是必须得有一个操作系统。风河是做操作系统的企业，产品已经广泛应用在航空、精密制造方面以及电子电信领域。风河给我们提供了这样一个操作系统，所以我们花了 35 亿美元把这一块补齐。目前市场上做操作系统的系统供应商很少，只有我们跟风河在一起，才能成为提供完整的操作系统的系统供应商。

另外，风河云原生态数据处理做得很好。未来整套移动出行平台就跟手机一样，数据需要放在云端。在云计算平台上去完成设计，风河已经有非常成功的产品，而且在全世界都比较领先。这就是我们的考虑。

周晓莺：风河在其他产业里面已经有成熟的技术和基本的能力，迁移到了汽车产业，刚好也赶上了软件定义汽车时代。您刚刚提到安波福 SVA 架构，是在几年前？

杨晓明：我们的中心计算平台 2017 年量产，之后开始做域控制器。到目前为止，有十余家企业在与我们协作做域控制器，目前我们有量产的产品，也有在设计中或者在量产过程中的产品。

未来的电气架构正在一步一步地实现，当然，在这个迭代过程中，你会发现计算平台的计算能力正在逐步提高和演化。2017 年到现在也就几年，迭代速度非常快。我们接近于极致的 SVA™ 类型的产品，说不定会第一个"落户"在中国自主品牌的平台上。

周晓莺：安波福最近发布的行泊一体 ADAS 方案里搭载了第 7 代 4D 毫米波雷达，有哪些优势？

杨晓明：我认为有以下优势。第一，竞争性方面的优势。技术要得到广泛应用，必须得有竞争力，就是让大众能够承受。我们按照中国市场的速度进行开发，按照供应链的能力把成本降下来。第二，第 7 代雷达已经拥有纵向能力，包括成像速度、计算能力，以及安全性方面的能力，加上风河的开源的 Linux，以及比较先进的实时控制系统。这就是一个非常有竞争力的产品，马上可以进入实装阶段。

周晓莺：您怎么看待现在智能座舱的功能以及体验问题？安波福在智能座舱方面能做哪些价值创造？

杨晓明：我们在智能座舱方面比较领先。第一是用户体验，整车供应商以及 OEM 作为客户，主要看性能。我们在中国推出的这套智能座舱的计算能力超过传统座舱的 7.5 倍以上，计算平台的能力非常强大，可以 10 屏同时在一个芯片上控制。

第二，我们在做下一代智能座舱，在用户体验方面和安全性结合在一起，我们的智能座舱跟 ADAS 整合在一起。同时，我们会用国产芯片开发现代需要的产品，当然也有采用国际化芯片的产品。我们一直强调从 SoC 芯片开始，直到智能座舱智驾整合，做成一个完整的智能座舱系统。所以，从芯片开始，到计算能力，再到智能座舱的整合能力，我们都是非常先进的。

周晓莺：除了智能化板块，电气化也是安波福非常强的领域，能不能介绍一下现在的产品矩阵和研发创新方向？

杨晓明：我们为什么把电气化和智能化放在一起，作为两大部分在抓？我们认为，支持未来的移动出行平台，必须有两个部分，一部分是"大脑"的计算能力，另一部分是感知和数据传输。所以我们把高压产品、电气化的产品和高速数据产品，作为汽车的神经系统来处理。作为系统供应商，如果缺少其中的任一部分，就完成不了系统化供应。

从优势方面来看，在我们的高压产品方面，必须把所有的感知、电力的传送、信号的感知、数据的处理，都作为我们的一个产品线。我们的产品线非常广泛，而不是只做其中某一个产品。我们的特点是提供整套系统，当然客户不需要某个产品也没关系，因为我们的计算平台可以共享。

另外，我们的设计能力和服务能力强大。中国市场现在压力比较大，需要降本增效，很多时候要从整个系统的设计方面布局，就跟盖房子一样，等到最后一个小房间装修的时候，调整措施是十分有限的。我们有系统设计的能力，我们可以跟客户从开始搭架构的时候，就形成一个最有效的、成本最低的方案。

我们还有一个非常突出的特点。我们原来是国际化的公司，在中国搞本土化。中国企业在大力"出海"，那么就要全球化。我们这一套全球的服务系统、质量体系都非常完整，在中国拿到的零件跟在德国、美国拿到的零件都是同样的质量水平。

总结下来，我们有三大优势，一是覆盖面比较广，二是有系统化的设计能力，三是有全球化的支持体系和质量体系。

周晓莺：接下来的研发创新方向，会聚焦在哪些领域？

杨晓明：从全球范围来讲，我们大量地投资在汽车数字化领域。汽车已经是智能化的移动出行平台，我们会在数字化、人工智能方面，在全球范围之内大量做工作。

我们在中国的研发有以下两个特点。

第一，我们对传统的研发模式正在进行新的探讨。以前，给我们的计划、预测和论证的时间都比较充足，现在，在新的环境底下需要快速迭代，同时还要有高效率、高质量，这是我们在中国研发的节奏。

安波福智能工厂自动化生产线

第二，是数据本地化。以前我们的优势是我们在美国、欧洲研发出来的产品在全世界推广，那个时候障碍比较小。现在数据和平台要分离，我们的很多数据是不能跨国的，要考虑怎么在这样的条件下发挥我们国际性公司的优势；有哪些东西可以平台化和合规合法化，在中国、美国、欧洲都可以共享。

周晓莺：我们回到中国市场，降本增效成为核心话题，市场已经"卷"成这样，作为生态链上的企业要怎么去响应，从哪里去要效益？

杨晓明：中国市场还有一个特点，不仅是变化速度快，还有任何市场都不具备的庞大的客户体系。我们还看到有很多跨界造车的新客户。新客户和传统客户也不太一样，客户背景不一样，在客户端降本方式也就不同。

这种公司有一个特点，就是什么都要做，但是什么都要做带来的副作用就是成本高。所以我们需要有共享的效率，我们有很多东西都是平台化的产品，可以给所有的客户提供服务。假如一个客户有 10 万辆车的规模，再到中国有 2700 万辆车的市场体量，本身就是很大的降本空间。我们用平台化应对复杂的市场，用平台化的优势降低成本。

周晓莺：规模性是能够发挥价值的。

杨晓明：为了规模性，你必须得共享。只做一个客户就没法共享，我们有很多东西可以共享，这是降低成本的有效方法。另外，必须从内部制造方面提高效率，如果没有强大的制造工程能力和研发能力，内部的效率是下不来的。要把人工用量降下来，要把制造成本降下来，实际上就是要把单件生产的时间降下来。关于效率这一点，我们要做自动化和工厂的数字化，还有一个就是配合新能源的要求，包括碳中和的要求。这些做好了，完全可以降低成本。

周晓莺：作为一家全球化的公司，客户是非常多样化的，在您接触的客户当中，中国 OEM 和国际化 OEM 的差异点会体现在哪些方面？

杨晓明：首先，双方背景不一样，比如中国的自主品牌在品牌效益上与传统的国际品牌还是有些差别的。其次，中国品牌体系建设快是特点，不像已经发展上百年的那些整车厂那么完整。在体系不完整的情况下，整零合作的方式就需要创新。比较成熟的 OEM，会把他的要求说得非常清楚，结果的可预测性也会稍微强一点。我们与中国品牌 OEM 体系也是在磨合当中；同时，有很多跨界造车者，他们的供应商体系，包括我们自己都不熟悉。

中国 OEM 还有一个特点，就是对最终消费者的需求反应比这些国际公司的反应要快，而且他们愿意听取消费者的意见。以前我们工程师设计一个产品给客户，有时候会教育客户，我这个东西有多好、为什么这个东西对你有意义。现在中国品牌 OEM 已经转向了，就是他在看市场到底是怎样的，年轻人到底喜欢什么，我们就做出一个客户喜欢的东西。

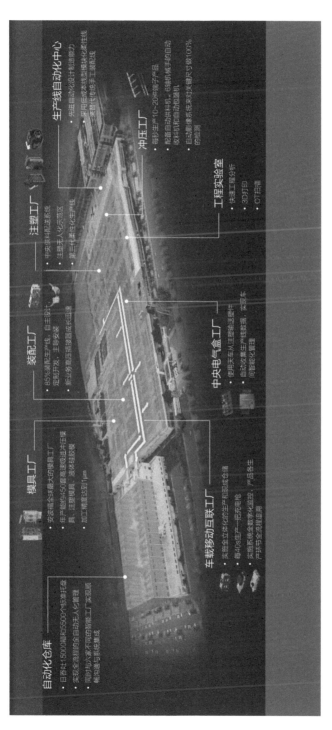

安波福插接器系统智能化工厂

周晓莺：我们提到降本增效里面有一个很重要的点，就是从系统架构的角度去考虑，这个对于我们这样有很多年经验的公司是一个非常大的优势，也有机会去做架构的梳理和平台化的发展。那么速度对于安波福在中国是不是一个挑战？

杨晓明：是一个挑战，我们天天在强调，最好的状态是你的速度超过市场的速度。以前一套比较成熟的体系，在很多年来给我们带来了很成功的产品和成功的项目管理经验，现在突然压缩到四分之一的时间，甚至用 10% 的时间完成以前需要的工作，都是我们面临的挑战。

我们认为有两个比较大的挑战：一是人员的心态，以前我们把全球性的东西拿来以后改成中国要用的东西，现在我们需要把责任心变到这儿来；二是以前很多决定是在中国之外做的，现在必须在中国做决定。

周晓莺：因为技术领先性的窗口期越来越短，得持续去做创新迭代。

杨晓明：我们在加大力度持续创新。我们现在在创新方面的投资占每一年销售额的 10% 以上，在中国的份额实际上还大一点。有一些项目必须投，同时在知识产权方面必须得有创新，我们每年要申请 300 项以上中国专利。

周晓莺：这 20 年是中国汽车产业轰轰烈烈的 20 年，高速发展，也快速变革。如果您做一个 20 年复盘的话，会有什么样的一些体会？包括作为一家企业，怎么能够穿越不同的周期？它应该要有哪些基因和要素？

杨晓明：现在回头想想，我觉得自己非常幸运，因为很少有机会能在一家公司里面，经历中国这三四十年的巨变，特别是 2003 年到现在的巨变，在别的地方你没有机会体会。另外，为什么我在这里待了那么多年没换过公司？因为公司的文化让我有一种使命感，这也是非常幸运的。

我们公司的文化很人性化，在中国，我们从德尔福到安波福，从我们这里走出去的人很多。我们被称为"黄埔军校"，这跟公司的内部文化是有关系的，因为这家公司很有一个特点，就是它可以让这些想干事的人有一个平台，让你去学习，让你去实现一些自己的理念。企业文化很重要。

再一个，公司是不是在跟着时代的步伐走，我觉得这是很重要的。我们公司分离出去很多业务，为什么分离出去？因为公司一直在盯着未来的市场。我们 2018 年剥离燃油汽车业务的时候，行业一直在猜测我们是不是燃油汽车做不下去了，我们当时剥离动力总成的时候，完全没有做不下去，当时这项业务还是盈利的。

我们当时就已经看到未来就是软件定义的汽车，必须得电气化、智能化。我们想维持中国市场份额和技术领先地位，怎么维持？必须得有方向性，同时认清中国市场对全球业务的重要性，真正把中国市场当成一个有战略重要性的市场，这是我们在中国不断发展的重要条件之一。

以下几个方面我觉得很重要。第一，是深层本土化，包括决策人物能不能本土化。决策能不能本土化。对于国际公司来说，如果所有的决定都是在中国市场以外做出的，那么现在肯定无法适应变化。第二，是人才的本土化。只是让本土化人才做些改善、应用工作，还是做本土化研发？第三，是在创新方面，包括我提到的制造业的创新、业务模式的创新。一系列的深层国产化，而且深层国产化是建立在中国市场的，我们必须得做，而且必须把它做好。这样才可以在中国创新。没有中国的决策权，没有中国的人才做研发，没有给中国一个新的业务模式，在中国的发展可能就会受到一些限制。

周晓莺：我们看安波福在中国市场的发展，如果看 3 年，您有什么期待？

杨晓明：3 年，我们想维持在中国领先的市场技术地位和市场份额。同时，我们怎么在新的生态体系底下，研发出在中国可使用的产品，同时想办法把这个产品推向世界，这是我们后面 3 年要做的。现在有很多新技术都是中国团队研发的，但怎么把它国际化，这是我们在后面 3 年要解决的问题。还有一个是关于中国汽车的"出海"，我们希望能作为中国汽车"出海"一个最紧密的、战略的、很好的合作伙伴，把我们的供应商也带出中国。这是我们近 3 年要实现的目标。

 企业介绍

安波福是一家致力于在移动出行领域开发技术及解决方案，使移动出行更加安全、绿色、互联的全球性科技公司。2017 年 12 月 5 日，德尔福汽车公司在分拆其动力总成业务后，正式更名为安波福。作为中国改革开放后最早进入中国市场的跨国汽车零部件公司之一，安波福已经在中国建立了广泛的生产研发布局。

目前，安波福主要有两大核心业务板块：主动安全及用户体验业务部、信号与动力分配解决方案业务部。前者专注于提供相关软件和高级计算平台，后者专注于提供必要的网络架构，以支持汽车复杂的集成系统。

重点关注中国市场，赋能软件定义汽车

—— 对话莱科德 Luz、陈彧虎、MiDi

　　智能电动汽车时代，传统的汽车价值链和汽车生态被打破重塑，催生出诸多新趋势，软件定义汽车便是其中之一。当前，无论是汽车企业，还是零部件供应商，都将软件定义汽车视为转型突破、打造差异化竞争的关键领域，并争相加快布局。

　　都说软件定义汽车，那么谁来撑起软件？是什么让软件定义汽车成为可能？2023 年 9 月，基于 18 年来深耕汽车软件开发积累的丰富经验，莱科德（Luxoft）针对这一问题给出了自己的答案。

——→ 从左到右分别为莱科德全球执行副总裁兼汽车事业部总裁 Luz G. Mauch、周晓莺、莱

科德汽车副总裁兼中国区总经理陈彧虎、莱科德汽车副总裁兼全球工程部总经理 Michael

Dinkel

一　对话 Luz G. Mauch：Luxoft 是谁？

周晓莺：Luz，您能简单介绍一下 Luxoft 吗？你们是一家什么样的公司？

Luz G. Mauch：我们是一家拥有近 1.8 万名员工的公司，总部在欧洲，目前也正在向其他地区扩张，包括中国。我们的业务基本分为三个板块：第一块是银行和资本市场，第二块是汽车，第三块是跨行业解决方案。从营收来看，各大板块都做出了很大的贡献，所以我们的业务分布很均衡，当然，各业务板块也都有自己的特色。

周晓莺：Luxoft 在汽车行业有着什么样的角色或定位？

Luz G. Mauch：我们进军汽车行业已有大约 18 年，最初是从三级和二级供应商成长起来的。而在当前汽车行业的新趋势（例如软件定义汽车）下，我们的角色更趋向于一家一级供应商。

周晓莺：如您刚才提到的，软件定义汽车是近几年来比较热门的领域，这为 Luxoft 带来了什么样的影响？

Luz G. Mauch：我认为软件定义汽车给 Luxoft 带来了良好的发展势头。在软件定义汽车的趋势下，我们看到传统的价值链以及 OEM、一级和二级供应商的角色开始发生变化。当前，整车厂正在努力实现软硬件分离，因为软件对汽车企业以及对最终的产品来说都变得越来越重要。对新一代汽车来说，重要的已不再仅仅是马力以及工程能力，而关乎如何制造软件，软件将是区分产

软件定义汽车能力建设和目标

——无缝的数字生命周期：跨域，从车到云，从开发到运营

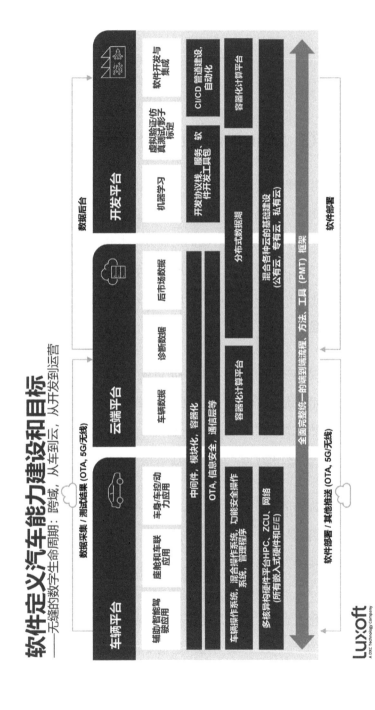

莱科德软件系统领域能力

CI/CD—持续集成 / 持续部署　HPC—高性能计算

ZCU—区域控制单元　E/E—电子 / 电气

品的关键因素。在这种趋势下，我认为对于 OEM 来说，软件的管理变得非常重要，同时，这也是为什么我会说软件竞争力不论是对零部件供应商还是对汽车企业来说都非常相关，而软件正是 Luxoft 的长处所在，因为我们是软件驱动型公司。

周晓莺：我们看到汽车行业实际上发展得非常快，作为一家一级供应商，也需要随之调整研发的速度。

Luz G. Mauch：当然。在中国市场，转型正在如火如荼地进行，汽车行业的一些传统模式已经被打破，从瀑布式开始，工程化的开发风格转变为高度 CI/CD（持续集成 / 持续部署）模块化组件化的敏捷开发风格，我认为这种转变本身带来了很多变化，迫使我们的客户也开始转型。我们很乐意帮助客户去转型，这正是我们的强项所在，我们可以为客户提供新类型的服务和方法，但对客户来说没有普适的模式，我们必须灵活。

周晓莺：Luxoft 目前的核心业务在不同的细分市场表现如何？

Luz G. Mauch：我们在数字座舱以及车载信息娱乐系统方面表现都非常强劲，我们还将产品组合扩大到了 ADAS 以及网联移动出行方面；此外，在电动化方面，我们在车辆运动控制方面也有布局。因此，我们基本上改变了我们的工作方式，从原先的只向客户提供资源转变成一个由各种产品投资组合驱动的组织，这意味着我们为客户承担了越来越多的责任，在软件领域给予帮助并减轻他们的负担。

周晓莺：事实上，当前全球汽车市场的增速并不如以前那样快，但在产品层面，汽车本身变化非常快。在您看来，您对 Luxoft 未来 3~5 年的发展有何期待？

Luz G. Mauch：首先，就过去几年的增长而言，我们有很好的发展势头。在我刚加入 Luxoft 的时候，我们汽车事业部大约有 2500 人，现在我们的组织已经扩大到了超过 4000 人，当然这要归功于 Tiger（陈彧虎）以及整个团队。针对市场而言，我们不能错过任何一个重要市场。众所周知，中国就是一个非常重要的市场，所以大约两年前，我们开始明确地将重点放在中国。在我们公司，我们不太会把中国放在亚太经合组织国家的大框架中，相反，我们会专门去关注中国市场，所以我们遵循的可能是一些 OEM 所倡导的"在中国为中国"的原则。但同时，我们在中国市场也看到一种趋势，即企业在中国市场积累的技术和经验其实也可用于全球，反之亦然，所以我们也不仅仅是"在中国为中国"。当前，我们看到中国市场像车载信息娱乐系统等领域有一些公司被淘汰，这也是我们非常渴望扎根中国的原因。回答你刚刚的问题，我认为未来会有很多变化，在 OEM 方面，合作关系会变得更加重要。另外，新的汽车生态系统也在进化。

对话陈彧虎：Luxoft 中国的发展逻辑

周晓莺：鉴于您提到了中国市场，接下来我希望与陈彧虎陈总交流。担任 Luxoft 中国区总经理并不是一件容易的事，是吗？

陈彧虎：这么说吧，我们在全球范围内建立了良好的基础，但在中国市场，我认为我们更像是一家初创公司。就中国业务本身而言，在过去几年，我们发展得很快，我们从一开始的几十人，增长到现在的 150 人；从营收来看，基本上每年我们都会翻一番，所以这是一个非常好的结果，我们已经从市场表现上看到了这一点。

周晓莺：那么您能介绍一下 Luxoft 在中国的发展战略和业务布局吗？

陈彧虎：当然。我们在中国的战略其实是属于公司层级的一个战略，如同刚刚 Luz 所说，就 Luxoft 汽车业务而言，中国是我们重点关注的市场。我本人见证了中国汽车市场几个阶段的转变。第一阶段的时候，国内汽车企业专注汽车制造能力建设和提升，目前，汽车企业在制造质量和成本上已经处于非常稳定的水平；第二阶段是努力发展本土的研发能力，目前这个能力也在逐步建立起来。所以现在国内行业正处于第三阶段。面临汽车行业的新趋势，即"新四化"，当前中国汽车行业正朝着网联化、智能化、共享化和电动化等方向发展，所以我们非常关注中国市场，我们正在努力为我们的客户、为软件定义汽车做好准备。

在业务布局上，我们的业务涵盖咨询、帮助客户制定策略、推出发展路线图等。在公司治理和方法论方面，我们也可以提供服务，从战略目标到实施路径以及需要的组织架构，这些是我们可以为国内企业赋能的方面。在帮助客户建立软件开发能力的架构和体系上，我们可以从最基本的做起，例如软硬件分离方面，我们最基本的 E/E（电子／电气）架构可以帮助客户从车辆到零部件等层面为软件定义汽车做好准备。此外，我们还有很多车载软件平台以及相关产品，帮助客户开发中间件，从基础技术到应用程序。除了工程这一块，我们其实还有一块业务是跟设计和艺术相关的，即提供一些设计、用户体验方面的服务，尤其是现在提得比较多的用户场景、体验的延伸，在提供提高用户体验的设计以及整个 UI（用户界面）的落地这一块，我们目前的业务是发展得比较蓬勃的。另外，鉴于我们是一家全球化企业，我们可以为"出海"的中国企业提供海外服务，我们可以帮助客户做本地认证测试、集成以及引入我们的生态圈，提供完整的解决方案。

周晓莺：中国显然是全球最大的市场之一，近年来也逐渐成为数字化、电动化和创新性解决方案的中心，很多 OEM 乐于在中国市场接受新技术，结合不同的场景推出新产品以满足终端需求。作为一家欧洲公司，尽管你们已经进入中国，在这一领域贵公司还面临什么样的挑战和机遇？

陈彧虎：您说得非常对，中国市场从某种意义上来讲大家还是很"卷"的，尤其刚才我们也在展台看到很多本土企业在硬件、软件、服务上其实有很多有竞争力的产品，当然，我们也一样。对 Luxoft 中国来讲，我觉得我们有几点优势跟大家可能不一样。

第一，我们其实是深耕汽车行业的，对于汽车行业，国内企业可能更熟悉的是一些瀑布式的开发流程和体系，这些大家都是比较完整的，但是怎么样把软件的敏捷开发、DevOps（开发运维）引入整车产品中，其实是蛮大的挑战。在国内，其实有些企业做得不错，但是对大部分本土企业或者主机厂来说，他们如何把传统的开发与软件定义汽车以及软件能力的培养完美结合？在这一块，Luxoft 在中国或者在全球有一些独特的见解，能够帮助我们的客户更好地转型，这是第一点。

第二，也是 Michael 一会可能会提到的，就是 Luxoft 并不是只做咨询，我们所做的更多是通过咨询帮助客户做落地，所以我们有完整的体系和流程，以及有经验的团队和能力，能够从最早的、很多很酷的咨询一直到落地，最后到量产车为客户提供帮助，我相信这也是我们在全球非常强的一块业务。还有一块是我们的全球足迹，我们在全球二十多个国家都有组织，我们可以调动我们全球的资源来为客户赋能。

最后一点，其实我觉得我们作为一家在中国的企业，我个人比较自豪的是我们有一个以人为本的企业文化，这里面包括两点：一是我们非常关注客户体验，客户第一；二是我们也给员工提供一个很尊重的环境，让他们能够充分发挥创造力和主观能动性，能够帮我们一起打造一个共赢的局面。从我们进入中国市场以来，我们的人才流失率、员工流动率远远低于行业平均水平，这点也是我比较自豪的。

周晓莺：正如您刚刚提到的，中国 OEM 现在对"出海"有着很大的热情，2023 年前三季度，中国的汽车出口量创下历史新高，中国成为全球第一大汽车出口国，对 Luxoft 来讲，也可以赋能国内企业的"出海"历程。

陈彧虎：是的，我刚才也提到，我们其实在全球绝大多数的市场上都有业务，那么我们对本土文化的了解、对法律法规要求的理解，我相信是我们跟很多其他厂商的不同之处。我们在中国其实也已经在跟很多客户合作，包括计划"出海"的或者已经"出海"的企业，从测试到验证，到后面的本地化，其实我们已经提供了很完整的服务。

一 对话 Michael Dinkel：Luxoft 在软件领域的最佳实践

周晓莺：跟 5 年前相比，现在软件定义汽车发展得非常快。当我们进入智能电动汽车新时代时，传统的电子电气架构事实上不再能满足新车的需求。在您看来，未来还将有怎样的趋势？Luxoft 能为汽车行业带来什么样的解决方案？

Michael Dinkel：你提到了非常核心的一点，即是什么让软件定义汽车成为可能。要知道，传统的电子电气架构以及车辆本身的信息主干网是孤立的，新一代汽车的不同不仅仅在于车内搭载了更多软件，还在于用户如何与车辆进行交互，以及汽车如何融入生态系统、如何进行持续的开发和部署、开发团队如何对功能进行升级等；另外，车对车、车辆对基础设施、车辆与用户设备之间的联系都需要考虑进去。从用户角度来看，具备安全性的面向服务的架构以及功能安全和网络安全方面，也需要加以考虑和综合平衡。

这也正是 Luxoft 的核心优势之一，即我们采用端到端的视角，不仅仅关注单个 ECU（电子控制单元），还关注如何做到这一点，如何执行命令，适应性命令是如何实时发挥作用的，从更广泛的角度来看，未来的关键推动因素是什么，同样重要的还有什么。经过多年的发展，现在的网联产品没有"完成"这一说，只要产品还在市场上，我们就需要能提供安全补丁、功能的更新和延伸等。一个网联产品永远没有"完成"一说，这对生态系统、环境等都有影响，主机厂需要考虑到这一点。此前的机械产品，只要生产出来就算结束了，然后我们专注于下一个产品，但对于一个网联产品来说，我们不能就此停止。所以这样一个连续的循环，更新软件也好，空中升级也好，这些不同的方式都是一个连续的过程，需要持续支持和驱动，直到产品的使用寿命结束或者正式退役，或者这辆车未来将不再被使用。这些都是我们需要注意到的情况，而以上所有这些过程都伴随着要求，这也使得传统的电子电气架构不再适用。正如我刚才提到的，我们在这些领域有一个非常强大的团队。

周晓莺：您能给我们展示一些最佳实践吗？例如过去成功交付的标志性项目。

Michael Dinkel：我们与大陆集团有一个联合项目，在该项目中，我们负责大陆的汽车边缘计算系统，涉及汽车如何连接到云端、数据收集、远程诊断和维修等。这就回到刚刚所说的机械产品，当它的生产结束，围绕它的工作也就结束了，只有当它坏了时，你才需要去做一些额外的工作。但对于网联产品来说，如果在信息、数据、软件等方面出了故障，我们有合适的 E/E 架构，此外也有实施更新机制，通过提供新的更新，我们可以远程进行安全修复。当然，这整个由数据驱动的开发周期正是我们擅长的地方，我们已经为一些 OEM 提供了支持。收集所有数据背后需要巨大的努力，这不仅仅关于 ADAS，而且关乎车内的一切、所有的软件，所有这些都需要能随时更新，而不仅仅是一个算法、一个部件的更新，这也是我们在这个特定领域正在解决的挑战之一。

在其他领域，我们同样有实力，例如，在车载信息娱乐（IVI）系统方面，我们曾与梅赛德斯－奔驰合作，Luxoft 团队帮助梅赛德斯－奔驰实现了 EQS 和 EQE 等新车型上搭载的 IVI 超屏幕。其实还有很多其他合作，但大多数合作客户的名字我们都不能透露，我们就像一个"无名英雄"，很多项目背后其实都有 Luxoft 的存在。事实上，我们现在也在与一些中国一级零部件供应商合作，我们帮助他们在欧洲市场实现量产（SOP），因为仅有一个创新和在预期时间点实现 SOP，与成功地在市场上推出高质量产品之间还是有差距的。

周晓莺：是的，我能理解。我们讨论了很多极端案例，在软件定义汽车时代，事实上极端案例也不会少，解决它们需要付出很多努力。所以在您看来，如何在不同情况下确保安全性？

Michael Dinkel：安全性是另一个有趣的话题。一方面，法律法规对网络安全是有要求的；另一方面，产品安全也需要考虑。这两个方面紧密相连，却完全不同。首先，我们会采取一些建设性的措施，这里有一些标准：如何打造网络安全系统？它需要从一开始的威胁意识和分析开始，然后开始推导安全需求，然后再进入系统本身的开发过程。除此之外，还需要做出更多努力来确保解决特定的，也就是你所说的极端案例。我们也正是利用这些案例对系统进行测试、评估，试图消除它们。

对于想要与我们进行合作的企业，也需要建立一个持续的网络安全管理系统以及一个网络安全响应小组，以考虑到所有的网络安全漏洞以及漏洞利用，确保对漏洞利用有正确的认识。如果它真的对每一个项目和单个的软件都有威胁，那就需要合理地处理它，并且是以可以验证的方式，这是 Luxoft 过去几年一直在做的努力。拥有经过认证的网络安全团队、基础设施和流程让我们有机会成为那些希望将新功能推向市场的 OEM 业务拓展的推动者和加速器。

周晓莺：好的，谢谢。您还有要补充的吗？

Michael Dinkel：现在 OEM.OS 也是一个热门话题，有很多 OEM 正在打造自己的软件堆栈，通常它们都被称为 ××.OS，或类似的名字。值得一提的是，Luxoft 也参与其中，我们事实上参与了多个主机厂的 OEM.OS 开发项目，这对我们来说既有成绩又有教训。而这些经验我们其实想带到中国市场上来，以帮助我们的客户在开发未来平台和解决方案方面少走弯路，进一步成长。这也是我们的竞争优势，我们也在利用这一点来吸引新的客户和 OEM。除此之外，我们在项目中积累的一些深刻的理解，比如什么部件是真正不同的、什么部件没有区别，以及哪些部件更适合标准化，可以帮助 OEM 将开发重点放在这些领域。

周晓莺：了解。我再问 Luz 最后一个问题。作为一家全球化企业，必须与处于不同研发速度的 OEM 打交道，不是所有企业的开发速度都相同，那么如何去应对这种情况？尤其在 Luxoft 的团队分散在全球各地的情况下。

Luz G. Mauch：速度就是金钱，没有人想落后，因为你必须及时在一个合适的时机推出产品，你需要满足终端客户的需求和期待，这就是为什么我不会觉得不同企业不同的开发速度是个问题，因为每家企业急于实现软件竞争力、打造各自对应产品的希望都是一样的。然而，我们所看到的是，为了满足客户，你必须提供软件竞争力、贴近市场、贴近客户的需求，这也是我们希望在中国市场进一步扩大规模的原因。

我认为 Luxoft 的另一大优势在于招聘机制，我们的招聘机制并不局限于单个市场，我们基本上是在全球市场寻找人才，尤其在软件领域。我们希望软件方面的人才能在不同市场进行历练，因为有时即使是软件开发人员，在不同市场的工作经验可以带来一些优势，对他们的履历也是一个提升。这也是我们具备的吸引力之一，我们可以提供很酷的项目经验，我常说，提到 Luxoft，我觉得我们有时很小，因为会聆听所有声音；有时也很大，因为能成功执行重大项目，我们将这两点进行了完美结合。虽然 Luxoft 中国只有 150 人，但我们的能力却并不局限于这 150 人，我们背后有全球化的团队，能为我们提供专业的知识和专长，甚至国际团队也经常会来到中国。所以我认为我们有真正的人才和合适的规模，加上对汽车行业的见解，这些使我们脱颖而出，也是我们的热情所在。

 企业介绍 ------------------------------------

　　莱科德是一家总部设在瑞士楚格的全球性软件工程公司，为全世界范围内的客户提供定制创新变革的商业技术方案。公司在全球 29 个国家拥有超过 17000 名员工，在北美洲、欧洲、亚太以及南非设有 61 个办公点。莱科德汽车从进入中国至今，大力开拓探索中国市场，并通过软件协助客户定义汽车，从而提升其品牌和产品的竞争力。莱科德在亚太地区为各主机厂及一级供应商，提供针对自动驾驶领域、数字座舱领域、车联网领域以及人机交互领域的应用软件开发、软件架构设计、电子架构设计、性能工程、优化和测试、软件质量保证、工程规范及数据安全等定制化的服务。

汽车软件市场潜力巨大，中国市场将越来越重要

—— 对话易特驰 Thomas Irawan

在智能电动汽车时代，软件定义汽车的观念已经成为行业共识。不同于以往的硬件驱动，软件已然发展为控制汽车功能和提升驾乘体验的"灵魂性"因素，不仅重塑了消费者的预期，同时也会颠覆行业的商业模式。在此背景下，易特驰公司进行了重新定位，即全面面向软件定义汽车时代的服务提供商，以赋能未来汽车软件。

汽车软件市场究竟蕴藏着多大潜力？在这个不断增长的细分市场，易特驰如何跟上甚至引领节奏？在全球最大的汽车市场——中国，易特驰有着怎样的业务布局和表现？2023 年 4 月，易特驰全球总裁 Thomas Irawan 博士通过此次对话为我们一一作答。

——〉 周晓莺与易特驰全球总裁 Thomas Irawan

访谈实录

周晓莺：您能简单介绍一下易特驰及其产品阵容吗？

Thomas Irawan：当然可以。易特驰拥有高度集成的端到端解决方案组合，覆盖六大板块。第一个是软件开发解决方案，主要是云工具链，用于加速软件开发；第二个是车用操作系统解决方案，用于各种中间件、基础软件等；第三个是数据采集和处理解决方案，我们拥有数据采集、处理、分析、校准的软件和硬件；第四个是车辆云服务解决方案，包括各种后端服务，用于将车辆连接到云端，以及管理基于云的功能软件和车辆数据；第五个关于网络安全，我们拥有全面的网络安全产品组合；最后一个比较重要，是端到端解决方案，提供集成 DevOps 相关的工程和咨询解决方案。

易特驰提供车载和云端解决方案、开发工具及服务

周晓莺：在智能汽车时代，消费者的需求越来越个性化和多样化。因此，软件在自动驾驶汽车中发挥着非常重要的作用。您觉得，这给行业和企业带来了怎样的影响？

Thomas Irawan：我认为对整个行业的影响很大。正如您所说，整个行业使车辆朝着更个性化、更自动化、更网联化、更电气化的方向发展，而新趋势真正重塑了消费者的预期。消费者有着完全不同的期待，希望车辆能够像智能手机一样完全融入数字生活。这会带来很大的影响，有机会也有挑战。

先说说机会。一方面，汽车可以通过 OTA 持续获得新功能、新特性等，因此可以始终保持最新状态，每天都会变得更好，消费者可以获得个性化的用户体验。这也改变了商业模式。对于所有参与者和主机厂来说，存在许多新商业模式的机会。

另一方面，也有挑战，例如软件会越来越复杂。这意味着每家企业都需要加快软件开发，并应对复杂性。

总体而言，我认为趋势是非常向上的，会推动整个汽车行业真正关注软件，以用户体验为中心，尝试开发更方便、更安全的功能，真正朝着软件定义的汽车发展，进而将真正推动整个行业的发展。

周晓莺：是的。现在网络安全也备受关注。

Thomas Irawan：对的。在我看来，从全球层面和从区域层面来看，对网络安全的认识可能略有不同。以德国为例，网络安全是强制性的，并且非常严格。

但是，在一些地区，网络安全可能并不是如此重要，可能是次重要或者次次重要的。不过，现在情况正在改变。据我所知，中国未来可能会出台相关法规，网络安全也将越来越重要。相较于其他领域，网络安全软件的市场可能会增长得更快。这也是我们的机会，因为我们开发网络安全解决方案已经有 20 年，积累了很多经验。

周晓莺：您认为 5 年或 10 年后，车辆的软件占比会是多少？

Thomas Irawan：我认为，汽车的软件占比已经大大增加了。如果回顾

2013 年，当时汽车的软件占比大概不到 10%，或者是 10% 左右。10 年后的 2023 年，如果看高端车，软件占比已经达到 40%。未来 5 年，或者在 2030 年前，软件占比可能会超过 60%。

这不仅仅是软件占比的问题，也意味着整个软件市场正在增长。根据最近的研究，到 2030 年，整个汽车软件市场将增长两倍，车内软件的价值也会增长两倍。今天，单车软件价值可能是 800 欧元，而到 2030 年将达到 2500 欧元。这将推动汽车搭载大量软件，软件的复杂性也将随之增加。

周晓莺：这意味着巨大的潜力。对于易特驰来说，会是巨大的机遇吗？

Thomas Irawan：是的，我认为，对于易特驰来说，这会是巨大的机遇，因为我们是一家软件公司。正如我刚刚所说的，如果软件占比不断增长，那么复杂性也会增加。如果复杂性增加，我们可以与客户一起提供解决方案以再次降低复杂性，管理软件的复杂性，降低集成工作量，使其安全、可靠、适合汽车应用，帮助加速软件开发。这正是我们的业务，因此，我认为这是一个好机会。

周晓莺：市场在不断增长，如何在这个领域跟上节奏？

Thomas Irawan：从组织角度来说，我们刚刚将所有汽车独立应用软件开发业务都整合到易特驰。易特驰是博世的子公司，我们把整个集团对独立应用软件的研发整合到易特驰。从 2023 年年初开始，重新组织后的公司拥有完整的产品组合，真正实现了闭环 DevOps 流程。围绕 DevOps，我们现在拥有所有工具、所有软件，可以真正地帮助我们的客户将他们的应用程序发展成以客户为中心的功能。我们负责与独立应用程序相关的功能，而客户就可以真正专注于有意义的或终端用户差异化的事情，例如新应用程序、功能和特性等。

周晓莺：我们也看到一种趋势，那就是软硬件解耦，而中间件引起的讨论也越来越多。您如何看待这种趋势？

Thomas Irawan：这也是软件日趋重要的影响之一。硬件和软件不仅会越来越多地解耦，而且开发速度也会完全不同。硬件仍然有较长的开发周期、发布周期，按照 V 模型，可能需要三个月、六个月、一年。而软件开发则是完全解耦的数字流，可以快速迭代。因此，就需要中间件。

我认为，中间件是软件定义汽车的关键要素之一。一方面，中间件可以将底层软件堆栈与硬件分离。另一方面，它是上下软件层之间的一种黏合剂，可以隐藏复杂性。如果拥有好的中间件，基本上复杂性就在下面了，开发人员只需要在专用的中间件上开发一个不错的 App 就可以，不用管下面的复杂性。

如果一个中间件可以用于很多车型，甚至不同的跨品牌的硬件、ECU，那么也很容易将软件功能从一个架构移植到另一个架构，从一个硬件移植到另一个硬件，从一个车型移植到另一个车型，可以重复使用软件，进而节省成本。

周晓莺：所以，易特驰非常擅长中间件领域。

Thomas Irawan：完全正确。我们很多年前就已经拥有业界最好的中间件解决方案。我们提供的解决方案不仅适用于基于微处理器的 ECU，还适用于基于微控制器的 ECU。此外，我们还拥有针对 ADAS 领域的中间件，是真正针对 ADAS 领域的数据驱动开发和通信。

周晓莺：看起来易特驰正在快速成长。

Thomas Irawan：可以这么说。公司几年前就预见到了这一趋势，并且决定逐步重塑自己，重新调整架构，就有了现在的组织和产品组合。因为我们认为这确实是趋势，需要快速跟上，否则机会消失，就不可能再在这个领域开展业务。

周晓莺：2021 年，博世集团宣布将通用车辆软件的开发整合到易特驰旗下，并将易特驰重新定位。现在进展如何？

Thomas Irawan：效果很好。这就是刚刚提到的重新组织架构。我们将博世之前的云服务开发、软件开发与易特驰的产品整合，形成了完整的产品组合，可以提供全面的端到端解决方案，也可以提供模组。客户可以挑选，选择没有被限制。如果有任何第三方工具或第三方产品，我们也可以集成，这也是我们的业务之一。

通过重新调整组织和产品组合，我们取得了非常快速的进展。从数据来看，我们在年初员工人数已经翻倍。现在，我们拥有全新的软件开发团队，可以充分利用许多协同效应，并在汽车行业拥有 30 多年的经验。

周晓莺：对于每家公司来说，人才都是一个关键，尤其是在世界变化更快的时候。那么，易特驰有着怎样的人才战略？

Thomas Irawan：我觉得，人才是一大重点，特别是在软件开发领域。没有人才，我们什么也做不了。

周晓莺：借助 AI？

Thomas Irawan：没这么容易。也许未来会有一些简单的任务使用 AI，但不是那么容易。像我们的母公司博世一样，易特驰拥有良好的薪酬计划和各种福利待遇，但这些都是基本的。

在我看来，人才发展有三大关键词，分别是意义、精通和自主。

先说第一个，意义。在重新定位之后，易特驰的使命是，赋能未来汽车软件。也就是说，如果您在易特驰工作，您就是在先进技术领域工作，从事的是有意义的工作，为有意义的产品做贡献，让驾驶员的生活更加安全、方便。这是非常重要的工作意义。

我们已经有非常高技能的人才和深厚的专业知识，这就是要说的第二个关键词，即精通。如果您加入易特驰，就可以向最优秀的人才学习。如果您选择专业化的职业道路，可以成为一个专业人才，比如软件架构师。我们还有管理型的职业道路，为专业性和个人技能提供非常结构化的学习计划。

最后一点是自主权，这在我看来非常重要。我们试图培养和践行一种文化，即在各个层面上都有全方位的相互尊重，也具有非常扁平化的管理结构。在敏捷的团队中员工拥有自主权，而不是采用过去微观管理的模式。员工可以拥有所有自由，比如灵活的工作时间。在德国，员工签订弹性工作时间的合同并不常见。但是，我们的员工可以随时随地工作，不需要到办公室。

周晓莺：他们自己选择。

Thomas Irawan：是的。甚至对于博世德国来说，这也是新尝试。易特驰并不是第一个实施此种模式的公司，这也完全符合我们工会的精神。这是我们在人才管理方面的三大观念，当然也有其他的举措。

周晓莺：当您谈到这些战略时，感觉我们正在进行一项招聘计划。

Thomas Irawan：是的。如果有朋友想申请，可以给我们发邮件。

周晓莺：那么，您对中国团队的表现是否满意？

Thomas Irawan：当然。首先，中国团队给我留下了非常非常深刻的印象。除了一些数据上的增长外，我们的同事也极其敬业，即使在 2022 年的艰难条件下依然尽职工作。虽然疫情带来了巨大的影响，但是中国团队依然超额完成了所有的目标和业务计划，相当了不起。所以，我为中国团队感到非常骄傲。

周晓莺：很高兴听到您这么说。在过去的 3 年里，我们经历了非常困难的时期。中国已经成为全球最大的汽车市场。您能否介绍一下易特驰在中国的业务？

Thomas Irawan：我们进入中国市场已经很长时间，而且在中国的业务表现非常不错。在过去的 10 年中，易特驰在中国的增长速度甚至超过中国市场的整体涨幅。当然，中国市场的增长速度已经非常快了，而易特驰的涨幅应该比中国市场高出几个百分点。

所以，我们已经取得了成功，而成功的背后有几大原因。首先，我们的产品、解决方案真正支持并符合所有新的排放标准，比如国四、国五、国六。我们始终能够满足客户对于网络安全、法规，以及对我们的基础软件的需求，如车规级需求等。我们也真正满足了客户对于更高安全性的需求。

基于此，我们计划提高增长速度。在软件定义汽车板块，我们未来将与其他主机厂开展更多的业务，因此，我们现在正在进行更多的跨域、跨 SoC 的工作。正如我刚刚所说的，我们现在有很好的解决方案组合，能为中国主机厂提供支持。

周晓莺：在中国智能电动汽车市场，中国本土品牌已经占据了 50% 以上的市场份额。作为一家德国软件公司，易特驰有哪些优势？

Thomas Irawan：我认为，首要的优势可以用两个词来形容。我们拥有全球化的解决方案，同时也可以通过与中国团队合作，针对中国市场进行调整。易特驰拥有多年的汽车行业经验、全球平台、全球标准等，还有全球人才库，可以根据本地需求进行调整。这样，我们就可根据情况灵活应对。

中国市场的发展速度更快，中国客户的发展速度比德国等西方国家的客户更快，尤其是在软件定义汽车和新技术等领域，要快 1 年、2 年，甚至 3 年。我们可以利用当地的驱动力推动全球性的解决方案。如果没有全球需求的话，我们也可以在当地提供这种解决方案。

周晓莺：非常灵活。

Thomas Irawan：是的，我们的组织也非常灵活。我们在全球采取同样的方法，不仅仅是在中国和德国。我们是一家全球性公司，能够优势互补。

周晓莺：在中国，竞争是一个热门话题。您如何看待来自本土竞争对手的竞争?

Thomas Irawan：非常有趣的是，我认为中国的竞争比全球其他地方都要激烈。对我来说，这是个积极的信号。因为我相信，竞争最终会为终端客户带来最好的产品。

我们可以从本土竞争中学到的是要快速，也许不要过度具体，就像以前有200%的要求一样。不过，现在一切都变了。对于未来的需求，需要更灵活和更适应。从本地竞争对手以及这个竞争激烈的市场中，我们学到了这一点。

周晓莺：特别是面临巨大的不确定性时。

Thomas Irawan：没错。我认为这种不确定性将是新常态，不确定性意味着将不再回归到确定和可预测的业务。我们需要改变我们的工作方式。我相信整个行业已经发生了变化，可以看到这里有更多的合作、协作、共创、共同创新以及共赢。

周晓莺：建立生态系统。

Thomas Irawan：是的。因为最终这才是可以规模化的。我们的很多客户已经告诉我们，无论是在能力还是人力方面，我们根本无法单独完成所有的事情。

周晓莺：当易特驰进行创新或开发新技术时，中国市场在这个过程中扮演什么样的角色?

Thomas Irawan：我们现在的重心是平衡。可能会存在两种情况：一种是有些创新可能会成为全球标准，但仍然需要根据中国市场的需求进行调整；另一种是有些创新可能会在中国率先出现，因为在某些领域中国可能更快、更有创意、更有创新性。

在中国，我们可以非常灵活地利用在中国的能力、中国的本土研发能力，为中国本土甚至是全球市场进行研发，或仅仅是"在中国为中国"，因为更快速。这也是我们的战略之一。

毋庸置疑，易特驰的中国业务和中国市场将越来越重要。

周晓莺：能否介绍一下本土化情况？

Thomas Irawan：我们正在讨论本土化话题，这也是我们战略的一部分。正如我刚才所说，本土能力和贴近客户是关键。因此，我们需要本地的研发能力和本地的工作人员近距离服务客户。

周晓莺：对未来 3 年的中国市场，您有什么预期？

Thomas Irawan：如果根据过去的发展势头来看，中国市场肯定将发展得非常快，发展速度将超出其他地区。中国已经是发展最快的汽车市场，是全球最大的汽车市场。因此，中国将扮演一个十分重要的角色。

在我看来，也许不是现在，但在 5~10 年左右的时间里，中国市场会有所整合。我们现在看到的是比较分散的格局，特别是软件定义汽车、中间件和不同的架构等领域。我认为会逐步整合，但不会太快。

对于我们来说，行业的发展方向非常有趣。我觉得，汽车行业与智能手机行业类似。在 21 世纪初期，智能手机行业也有许多生态系统，但是后来演变成两三个大型生态系统。因为这是规模化的唯一方法。

🌐 企业介绍 ● -

易特驰成立于 1994 年，是博世集团的全资子公司，在欧洲、北美洲、南美洲和亚洲设有分公司。

易特驰的产品组合包括车辆基础软件、中间件和开发工具，赋能未来汽车软件，实现软件定义汽车。凭借软件开发、运营和网络安全的解决方案，易特驰能够帮助客户在车辆内部或外部创建最佳的软件。

新兴技术篇

　　随着科技的飞速发展，新兴技术在汽车行业中的应用越来越广泛。新兴技术如人工智能、大数据、云计算、空气悬架、芯片、传感器等不断发展，不仅为汽车带来了更高的性能和更好的驾驶体验，也为汽车行业的未来发展打开了新的可能性。

电动化、智能化发展浪潮下，传感器增量持续上涨

——对话森萨塔科技 常旌

随着新能源汽车市场的快速增长以及新能源汽车"智能化"竞争下半场的开启，汽车传感器领域正迎来新的增长机会。作为传感器与控制器龙头企业，森萨塔科技布局电动化已有十多年时间，目前旗下产品在电动化车辆上的单车价值已经超过燃油汽车，预计未来会越来越高。

汽车电动化、智能化给传感器带来了怎样的新挑战与新机会？如何把相关产品真正做好做全以跟上这样的浪潮？森萨塔科技有怎样的发展目标以及具体规划？2023年4月，对话嘉宾——森萨塔科技全球高级副总裁及亚太区总裁常旌，讲述了森萨塔科技在新趋势下的思考与布局。

⟶　周晓蒡与森萨塔科技全球高级副总裁及亚太区总裁常旌

访谈实录

周晓莺：2023 年中国汽车市场的开局跟往常很不一样，尤其在 3 月，我们看到非常激烈的价格战开始了。对于这个现象，您怎么看？

常旌：是的，对我来讲，身处中国市场这么多年，2023 年这个情况也是比较新的。在 2022 年那么困难的情况下，中国汽车市场都还比较坚挺，所以我们一开始也以为中国汽车市场会恢复地非常快，我们也做了一些比较激进的计划，但现在看起来，整个市场的恢复确实需要时间。

另外，这几年中，中国汽车市场确实出现了巨大的拐点，一个是自主品牌的崛起，一个是新能源智能化汽车以飞快的速度取代燃油车，所以拐的速度非常快，2022 年已经大规模开始了，2023 年可以说进入一个"肉搏战阶段"。大的洗牌已经在发生了，每一家都在降价，保市场份额，整个市场在往下走，这时候，洗牌是非常残酷的，残酷程度确实超出了我的想象。

但我相信，这不会是一个长期的状况，但确实是一个中国特色。换句话说，中国可以把成本做得很低，对利润的追求也相对低一些，然后通过快速的增长来以量取胜。这是中国的一个优势，我们相信这个状况不会持续时间太长，但是面对这样的情况，我们也要做相应的调整，来适应市场的发展。

周晓莺：在降价促销的浪潮里面，不管是燃油汽车还是新能源汽车都加入其中，但新能源汽车基于成本和利润的考量，它的优惠力度是没有办法和燃油汽车相比的，您觉得这会不会影响新能源汽车接下来的增长势头？

常旌：我觉得影响不会太大。燃油汽车为什么降价？新能源汽车的崛起，虽不能说是 100% 的直接原因，但至少是一个很重要的间接原因。因为大家都想买新能源汽车，而燃油汽车的吸引力整体在下降，所以汽车企业希望以价来换量。当然，有一部分降价行为与排放法规的实施有一些关系。

燃油汽车因为比较成熟，其降价力度确实相对大一些。但是在 2023 年我们也看到，新能源汽车还是有一些优惠的，在特斯拉打响了降价第一炮后，大家都在跟进，而且随着新能源汽车的销量越来越大，产业链越来越成熟，成本会越来越降低。我相信，未来新能源汽车的成本空间、利润空间，还是会往一个健康的方向发展。

所以我倒是不担心，这种大的降价洗牌会影响新能源汽车市场的增长势头，我相信新能源汽车的发展还是会很快。当然，从另外一个角度来看，一些补贴如果能够再长远地持续一段时间，对于新兴企业本身的发展可能会有些帮助。

周晓莺：所以您还是很看好新能源汽车发展的？

常旌：是的，其实不只中国是这样，全球都是这样，哪怕是日本等一些以前不太重视新能源汽车的国家，也在大力发展新能源汽车。

周晓莺：现在大家都很关注，汽车企业在终端市场上厮杀得这么厉害，它怎么去控制成本？一方面汽车企业本身要去提升运营效率等，另一方面肯定也会在供应链上寻找空间，您有感受到这方面的压力吗？

常旌：压力非常大。近几年，压力是一年比一年大，全球的通货膨胀、原材料涨价、全球疫情的暴发、各种各样的市场洗牌等，这些都给汽车企业造成了成本压力，最终反映在终端价格上，也反映在零部件成本上。

这对我们每一个零部件的影响都很大，无论是大的系统还是小的传感器。虽然我们一直认为，我们不是降本的主力，因为我们每一个产品的单价都相对比较低，但是我们也在不断地优化成本，因为没有最好，只有更好，只有更好地优化性价比，才能够更长久地发展，才能够帮助主机厂节约更多的成本。

这两年我们做了很多成本优化，也进一步提升我们本地化的幅度，通过工程变更与客户密切的技术配合，来完成降本增效的任务。虽然压力很大，困难也很多，但我们相信，我们目前的策略和这些具体方案，能够帮助我们自己、帮助主机厂来完成降本增效的目标。

周晓莺：规模化肯定是一个很重要的方式，还有刚刚您提到的，通过技术创新去降本，而不能是靠硬降。

常旌：是的，这么多年我们一直在推进技术创新，在我们看来，通过VAVE（价值工程）技术降本，是最核心的方式。正如大家所说，中国每个行业都变得比较"卷"了，但最终能够杀出来的，在这个行业内能够领导大家的，往往就是技术领先者，而不是纯粹靠规模、靠成本控制、靠采购、靠生产。我觉得，研发和大的技术变革带来的技术产品的优势，才是最关键的。

从这些年新能源汽车的发展也可以看到，它不是一味地追求低价，它也是通过各种各样的智能化、电动化的一些核心的功能，使车辆能够满足各种各样的需求，才能够有爆发式的发展。我们也是这样的，我们大部分精力都放在技术创新这一块，可以说技术创新是我们发展100多年来的一个主要DNA（基因），我们就是靠技术创新来达成我们的规模和成本优势的。

周晓莺：电动化已经成为汽车产业发展的潮流和趋势，那么对于汽车传感器来说，电动化会有一些新的要求，以及会带来一些新的机会吗？

　　常旌：这个问题非常好，现在的车辆越来越智能，越来越电动化，电动化、智能化会带来很多大数据的要求，因为整个汽车里面各种各样的部件功能，要有更多的数据监测，要用更多的智能手段去做精准的控制和管理，这就需要大量的传感器，所以说传感器的用量越来越多。

　　就我们来说，在电动化、智能化领域，我们看到了很多机会，比如电池包、电机等三电系统部件需要各种各样的传感器来进行监控，另外还需要传感器与执行器结合的产品，比如继电器、熔断器，它也是一种传感器，可以对电流、电压、功率等做出一些反应。当然，它不光有传感功能，还有一些控制功能，我们在新的三电时代，基本上把传感器、控制器和执行器结合在一起来看了。

　　森萨塔科技专为纯电动汽车和混合动力汽车开发的高压直流接触器就是一款类似的产品，它具有行业领先的高可靠性、高性价比，广泛应用于新能源汽车主回路保护和快速充电模块，其小型化、轻量化的设计满足客户定制化需求。而我们的智能型熔断器系列也是一款在三电领域非常领先的产品，无论是主动式、被动式还是主被动一体式，都能在 3 毫秒内快速切断主回路，切断后的绝缘阻抗达到吉欧（GΩ）级别。

　　对我们来说，有些用在燃油汽车中的传感器，电动汽车确实不用了，但整体来看，由电动化、智能化所产生的新机会越来越多。

　　再举个例子，胎压传感器以前我们提供的是采集压力信号的传感器，现在则更多转向智能轮胎管理系统，通过各种各样的技术方式，采集轮胎各种各样的数据，而后给整车的控制器进行各种各样精准的控制，增加智能化，同时提升安全性。

　　我相信，未来还会有更多的创新机会，为此，我们也在大力地做技术储备和创新。

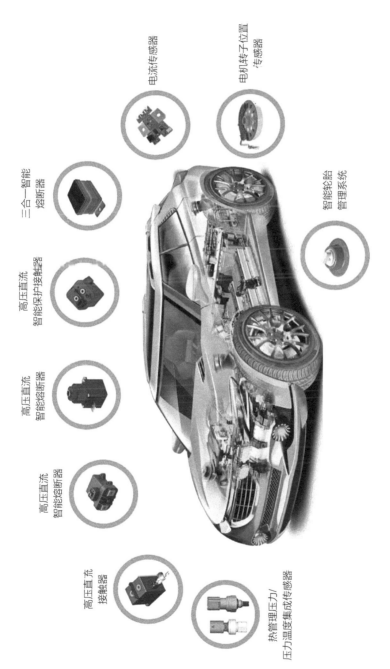

电流传感器

电机转子位置
冷感器

三合一智能
熔断器

高压直流
智能保护接触器

智能轮胎
管理系统

高压直流
智能熔断器

高压直流
智能熔断器

高压直流
接触器

热管理压力/
压力温度集成传感器

森萨塔科技电动智能化产品解决方案

周晓莺：所以在电动化、智能化的发展浪潮中，传感器是增量部件。

常旌：是的，可以这么说。

周晓莺：您刚刚重点提到了电动化方面的一些机会，如果从智能化来看，传感器的机会具体会体现在哪？森萨塔在智能化方面有怎样的布局？

常旌：在智能化方面，我们有一些布局。

前面我提到的智能轮胎管理系统，它的出现更多是由于电动化对轮胎的要求越来越多、要求越来越高。但它面向的也是一个智能化的需求，从原来的只是监测一个压力信号，到监测整个轮胎的所有数据，包括螺纹磨损、位置、路况、压力、加速度等数据的采集。

另外，以前采用 RF（射频）信号，现在变成蓝牙信号，跟整车的智能系统集成在一起，用同样的通信协议以及同样的传输方式，融入整个汽车的车身域进行管理。

我们在全球还做了一些新的车联网的布局，最近也收购了一些相关的公司。此外，我们也做智能车队管理系统，这也属于智能化的布局。

我们其他的包括 ESP（电子稳定程序）、One-Box[⊖] 等在内的一些传感器也越来越多，越来越多的客户需要这些东西。因为以前由人来做的很多控制，现在越来越多地要由车来做，这就需要更多的数据。在这些领域，我们给整车提供更多的数据，让车辆的中央处理器来进行更多的精准控制。这些我们现在都在积极地大规模批量投产，也在向客户进行积极的推广。

我们相信，未来公司在这个板块的收获也会比较多。随着汽车电动化、智能化的发展，汽车上的传感器绝对会越来越多，同时传感集成也越来越多，原来以硬件为主的传感器会越来越多地变成软硬件结合的系统传感。

⊖ One-Box 指集成了制动主缸、制动助力器和防抱死系统（ABS）的模块化线控制动单元。

周晓莺：在中国市场，汽车企业可以说特别热情地拥抱新技术，反过来，他们对供应商的要求是不是也会更加定制化或者是要求更多？

常旌：确实是这样。

所有的行业，中国速度都是非常惊人的，在汽车行业也是如此。原本在以合资品牌为主的时候，中国速度对比国外是快一些，但还是一个比较标准的周期，到了新能源时代，尤其到了自主品牌领跑的新能源时代，情况完全变了，现在整车的投放周期、开发周期、验证周期，包括变更周期，都更快速了，感觉像进入了一个十倍速时代。

当然不仅是中国，从美国来看，特斯拉也变得非常快。而我们是特斯拉主要的供应商，也是中国的比亚迪，以及很多新能源汽车品牌的主要供应商，所以根据他们的速度，我们也在调整自己的速度来快速反应。

周晓莺：领跑的这些企业跑得越来越快，带动大家都跑得更快了。

常旌：确实，在一个新型的朝阳行业里，中国速度也确实给全球创造了一个新的典范。

周晓莺：那么在新的赛道里，如果企业要去做新的品类扩展，或者找新的增长点，兼并收购是不是一个有效的方法？您怎么看？

常旌：是的，我们公司这么多年的发展，一方面是靠自我的创新来完成的，但毕竟好多新技术在新的领域是从无到有的，而很多新技术我们还没有，自我创新的时间也比较长，因此，我们也做了很多收购和兼并。过去四五年时间，森萨塔科技每年都有两三次大大小小的收购和兼并，主要目的都是适应电动化或者智能化的发展，帮助客户打造更加清洁、高效、智能、互联的产品。

周晓莺：兼并收购很多企业都会去做，但要把它做好其实不容易，在这方面，您有什么好的心得体会可以分享给大家吗？

常旌：森萨塔科技以前是德州仪器（TI）的一部分，2006 年变成一家独立公司。在这之后，我们在十几年的时间里完成了将近 20 次收购兼并，还是比较高频的，而且大部分都比较成功，当然，其中不只涉及汽车领域，也包括工程机械等领域的收购兼并。

其中比较大的一项收购是，2014 年前后，我们收购了全球最大的胎压监测传感器供应商舒瑞德，在实施这项收购后，中国也确立了相关的法规；而后我们又进入了车联网领域，包括智能互联板块。正因如此，我们的胎压监测传感器业务快速增长。同时，通过这项技术又演变出新的业务，例如 RF、蓝牙、智能轮胎管理系统等。无论是业务模式创新，还是产品创新，我们都做了很多，所以这次收购应该说是比较成功的。

当然，类似的收购有很多，例如几年前我们收购了特斯拉最大的继电器供应商 GIGAVAC，在这之后，我们在高压直流继电器方面成为全球最主要的供应商之一，无论在美国还是亚洲、欧洲。

在国内，我也主导了几个合资项目，包括一些技术合作，这也为我们补充了很多的新的产品线和一些新的能力。未来我们还会积极地、不断地布局，甚至会更多地聚焦在我所负责的亚洲市场。传感器领域有很多新技术，我们都在合作，都在考虑下一步的一些布局。

周晓莺：在您刚刚描述的过程中，能看到森萨塔通过这种方式在不断地丰富和扩充产品矩阵，也因此很好地跟上了现在智能电动化的浪潮。

常旌：您说得很对，电动化是过去十年一个很明确的现象，而且是中国在主导，中国电动化的速度是最快的，当然，欧洲、美国这几年也明显快起来了，所以整体来讲是个全球趋势。我们布局电动化也有十多年的时间，目前收获还是比较大的。现在我们在电动化车辆上的单车价值已经超过了燃油汽车了，且未来会越来越高，所以这是一个很好的趋势，我们也期待着电动化能够给我们带来新的增长。

森萨塔科技 2021 年第十九届上海国际汽车工业展览会展位现场

周晓莺：我们看到，过去三年汽车行业其实非常"魔幻"，作为一位科技企业的领导者，在这样的环境下，您有怎样独特的思考？您认为您在这三年里面学到了哪些？

常旌：三年真的是弹指一挥间，但实际上好多事情都发生了，真的是沧海变桑田。

身处其中，很明显的感受是，处处是拐点，速度越来越快，可以说每天都在危机当中，无论是疫情还是现在的价格战，包括市场大的变化，其实都是不同的危机。我们倒还没有完全走出这种变化的过程，但是在这个过程中学到了很多东西，应该说这个行业的每个人都学到了很多东西。

很关键的一点是，不变就无法生存，必须变化，要拥抱变化。当然，全球所有人都在变，但是变的速度是不一样的，而且变的决心也是不一样的。

在疫情开始的时候，我们看到了供应链快速地变化，所以我们必须以最快的速度和时间来保证我们的供应链，来保护我们的客户。我们当时所做的事情以及现在我们所取得的成就，在以前我们是不敢想象的，因为汽车行业以前是一个很稳定、很长期、很有计划性的行业，现在变成一个非常短期、变化非常快的一个行业。

另外，我们和供应商之间的关系、和客户之间的关系，变化也非常大。当时还叠加了芯片危机，我们自己做芯片，我们也采购芯片，我们有芯片供应商，也定制了很多芯片，所以在这个过程中跟芯片产业链上游的互动、跟主机厂的互动，推动了芯片产业和主机厂之间的互动，我们在当中怎么布局、怎么管理，这都是以前无法想象的。

此外，中国品牌电动化的崛起，让我们无论在产品研发、客户服务，还是在我们的整个战略规划上，都有巨大的变化。我们现在的定位是，以中国为主，以中国的客户为主，以电子化为主，来实行这样一个研发、运营策略。要知道，中国有些客户的反应速度非常快，一个主机厂它有几十个工厂要求我们同时来服务，而且每一个工厂的需求都不一样，以前是没有见过这种情况的，以前基本上都是很标准化的。

叠加这三年疫情，叠加这三年中国品牌的崛起，他们的服务模式、速度都在变，因为他们赢的方法就是要快，就是要能够跟得上这个步伐。比如比亚迪这几年销量一下翻了两三倍，从我们整个供应链、我们自己的生产产能、我们供应商的产能，包括所有的验证、认可、匹配等各方面，都要满足客户需求，这都要在第一时间快速完成。

所以我们要变得更加独立、更加自主、更加快速、更加敏捷，更加快速地推进与客户、供应商之间关系的转变。我们与供应商、客户之间的界限已经越来越模糊，主机厂、二级市场、三级市场、供应链等已变成了一个战略联盟、产业联盟。

周晓莺：好像经历了这三年大家才发现"原来我们还可以这样""这样也可以"。

常旌：这三年时间，在全球，尤其是在中国，我们的业务得到了快速发展，远远高于整体市场的发展，尤其在新能源方面，现在带来的新的业务。所以我们也是在变化中从弱变强、从小变大，然后从以前的慢变成现在的越来越快，未来为了生存，我们还要不断地变。

周晓莺：对于森萨塔科技未来三年在整个亚太市场，包括中国市场的发展，您有什么样的期待？

常旌：从市场来看，确实中国市场也好，整个亚洲市场也好，都比较稳定了，我们在十年前所见到的那种快速增长现在已经越来越少了。但是由于电动化所带来的这些机会，我相信还是有很多利好的，我们可以争取。

所以一方面，我们会积极地把传统业务守护好，不断降本增效，不断扩大产能，不断提升自己的竞争力，来满足全球客户的需求，这个是不变的，这是我们的根本业务。

另一方面，我们会加大本地的创新投入，把电动化和智能化相关产品真正做好做全，这会成为我们未来最主要的一个增长点，我们会加大投入把这块做好。

此外，我们整个团队也在变，变成以"80后""90后"为主的一个管理团队。因为客户也在变，现在，客户年轻化也是很明显的趋势，所以我们的团队现在基本上都是以更年轻的"80后"为主了，我们要保持我们的竞争力，一定要推进管理层的年轻化，这可以让我们的速度越来越快，让我们的新鲜血液越来越多，让我们的管理效率越来越高。

　　除了全球的"DNA"以外，我们也更多地要加一些本地的"DNA"，所以，虽然我们一直是在中国研发、中国生产、中国销售、中国采购的，但是我们还是要把自己打造成一个更本地化，更具有中国元素、中国血统的一家跨国的中国化的公司，这是我们未来的一个愿景。

　　森萨塔科技是一家领先的工业科技公司，致力于开发传感器、控制器和软件等基于传感器的解决方案，以及其他任务关键型产品，为客户和终端用户创造商业价值。100 多年来，森萨塔科技提供了广泛的传感器定制解决方案，用以满足复杂的工程要求，帮助汽车、重型车辆及非道路机械、工业和航空航天领域的客户解决艰难的问题。森萨塔科技在全球 15 个国家及地区设有运营机构，雇员超过 19000 名，其解决方案使得产品更安全、更清洁、更高效及电动化和互联化。

空气悬架市场爆发的速度比我们想象得更快

——对话保隆科技 张祖秋

开篇导语

　　智能电动汽车的快速发展以及汽车企业"内卷"的加剧，正驱动空气悬架渗透率迅速提升，如今，空气悬架已愈发常见于30万元级新能源汽车市场，且伴随着模式以及技术上的不断创新，正在往售价20万元左右的车型进一步下沉，由此，空气悬架市场仍将继续扩大。

　　空气悬架市场具体会以怎样的姿态向前发展？在愈发激烈的市场竞争下，企业应如何保持竞争力？保隆科技后续的规划以及目标是怎样的？2024年1月，对话保隆科技董事长兼总裁张祖秋，深入探寻了这些问题的答案。

———→ 周晓莺与保隆科技董事长兼总裁张祖秋

 访谈实录

周晓莺：2023 年中国汽车市场交了一份非常漂亮的答卷，您觉得 2024 年这个市场会有什么变化？

张祖秋：大家对行业可能有一个相对比较一致的认知：2024 年，竞争会更激烈。从中国市场来说，竞争更激烈，或者说更"卷"了。

汽车年销售总量可能并不会有太大的变化，新能源可能占比会再高一些，出口的数量可能也会更大一些，但是入场的选手也更多了。从主机厂来说，小米以及其他重量级的选手要入场；另外，有些主机厂的动作也会比较多，目标定得很高。

因此，在总量不怎么变化的情况下，可以感觉到，2024 年一定是竞争非常激烈的。是不是会有离场的？也很有可能，从整车市场来看，大概会是这样一个趋势，从 2023 年年底到 2024 年年初的这些发布会上，我们也可以感受得到。

周晓莺：发布会特别密集。

张祖秋：是的，供应链的压力可能也会更大。作为上市公司，最近会被很多分析师问到一个问题：究竟 2024 年的降价压力有多大？虽然我没有给他们很明确的答复，但是趋势上一定是供应链面临更大的成本下降的压力，我觉得这可能是所有供应商都感受得到的一个已经到来的压力。

当然，作为中国供应链企业，一定程度上也习惯了这种情况。有的时候我也会跟分析师讲，难道往年压力就不大吗？其实也很大，有时候客户会提出一个很高的降价目标，可能也会超出供应链可以做到的范围。当然，我们也会进一步挖掘成本潜力，给客户更多的价值、更多的成本节省，但同时还是要保证

产品的质量和交付。

所以 2024 年，不管从整车企业还是从供应链企业来看，一定是压力更大的一年，这应该是大家一致同意的一个预期。

周晓莺：其实就供应商的生态位来讲，现在看来，相比整车企业反而有一个优势，就是好的供应商是有机会形成规模效应的。

张祖秋：是的。如果从产业链来看，确实整车企业面临的挑战更大，因为目前中国整车企业的数量还很多，但是大家都同意将来应该不会有这么多，所以整车企业面临的生存压力确实要高过我们供应链企业，相对来说，供应链企业格局本身可能没有面临那么大的挑战。

在一些细分领域，如果确实已经做到比较领先的一些供应链企业，在整车企业那里还是获得普遍认可的，我们确实会有更多的规模的集聚。所以，对于供应链企业来说，我总体感觉机遇大于挑战。

周晓莺：还有一个很明显的趋势是，随着中国自主品牌市场份额的不断增加，它对产品设计和定义的能力也在增强，很容易出"爆款"车型。这是不是也带动了中国本土供应商的快速崛起？

张祖秋：对，我觉得中国供应链企业机遇大于挑战的一个很大原因就在于此。

中国整车企业，包括新势力企业以及原来的一些自主品牌，他们在产品定义、对汽车市场消费者的把握上，确实能力已经非常强。所以对于一些新的配置、新的技术应用，明显我们国内的整车企业会走在更前面，由此也给本土供应链企业带来很多机会。

当然，他们的产品迭代速度也非常快，产品从开始讨论到定点再到量产，这个周期明显比国际整车企业要短，其中自然有挑战，但是在我看来，这个节奏、速度其实更有利于中国供应链企业的成长。

所以在产品能力的提升上，确实很大程度来自国内整车企业给予的这样一些机会，另外我们自己也愿意努力尝试。

周晓莺：我记得有次论坛上您做了一个主旨发言，发言的主题叫"中国本土零部件崛起之路"，"崛起"这两个字用得特别形象，保隆科技应该是个很典型的崛起的样本。

张祖秋：我觉得，确实是有一批中国零部件企业在整个汽车工业的发展浪潮当中"崛起"了，尤其最近几年比较明显。我们进入更核心的一些领域，规模也迅速地成长起来，能力也得到了很多整车企业的认可。

从 2023 年开始，我们跟各国整车企业有很多交流，也有很多跨国整车企业来访。我觉得有两个他们比较一致的认可：第一，认可中国一些整车企业的产品，也能看到路上跑着很多他们几年前没有看到过的车，他们体验了之后也都觉得是很好的产品；第二，对中国汽车供应链企业能力的认可，能够看得出来，他们不仅仅是对保隆科技，对其他供应链企业也有一致的认可，认为在这几年之后，我们的能力有很明显的提升。

周晓莺：这是"卷"和加速竞争的一个正向结果。

张祖秋：没错。所以大家会说"卷卷更健康"，虽然"卷"得很难受，但是结果是一定有一批企业能够脱颖而出。

周晓莺：保隆科技的发展很有代表性，不管是市场的拓展，还是产品品类宽度的拓展，其实都是很强的，我觉得这跟中国汽车产业持续蓬勃发展这个路径和节奏非常匹配。

今天我们重点聊的是空气悬架市场的基本情况，请张总给我们讲讲。

张祖秋：从空气悬架产品来说，它在汽车工业中的应用并不新鲜，它不是最近才有的一个产品，但确实是最近才爆发的一个产品，当然，这个产品可能跟以前的形态相比会有一些变化，变得更智能了。特别突出的就是中国整车市场，从过去两年到目前，我们可以看到，在中国乘用车市场，空气悬架的渗透率快速上升，而且这个趋势可能还会进一步加速。

保隆科技空气悬架系统

我们也一直在跟踪这样的趋势。2012 年，保隆科技开始做空气悬架的一些前期开发；2016 年，我们开始做乘用车空气悬架产品的开发；2018 年，我们组建了空气悬架系统集成团队，开始做一些系统集成的产品开发，包括软硬件的开发；到了 2021 年年底，我们的前装产品开始正式下线。

这个市场爆发的速度其实比我们想象得更快，渗透率上升的速度是超出我们预期的。我们市场部每年都会更新一次市场研究数据，主要是围绕市场趋势、渗透率做一些研究。2023 年 8 月，我们对 2023 年中国市场空气悬架渗透率的预期大概是 3.4%，对 2024 年的预测是 6.3%，2028 年是 22.5%。但是站在今天这个时点，我们觉得这个数据可能偏保守了。

可以看到，空气悬架渗透率不断加速上升，配置车型进一步下沉，30 万元左右的车配置空气悬架，大家都觉得很正常；30 万元左右的车不配置空气悬架，大家反而会觉得很奇怪。另外，从最新的市场趋势可以看到，空气悬架在往 20 万元左右的车型下沉。可能在不远的将来，20 万元左右的车型会大比例配置空气悬架，甚至空气悬架变成标配都不奇怪。

有这样快的市场渗透率的上升，在整个市场中，空气悬架确实算得上目前很亮眼的一个产品。

周晓莺：在这个领域，保隆科技的能力主要体现在哪些方面？

张祖秋：虽然大家会觉得，我们有空气悬架这样的业务且快速成长起来，这似乎是突然冒出来的，其实并不是，刚才我也提到过，我们十几年前就开始做产品研发。

从能力上来说，区别于同行，我们有一些特点，比如在整套系统中，我们自研自制的核心零部件，包括更上游的一些产品还是非常丰富的。整套系统里，除了空气供给单元中的泵和阀目前我们还没有产品研制出来，其他零部件我们都具备，从传感器、悬架的控制器包括软硬件，到核心的产品——空气弹簧，再到储气罐，我们都有产品在量产，而且在一些核心产品，比如空气弹簧产品当中，目前占超过 50% 的 BOM（物料清单）成本的零部件是我们在内部可以自制的。总之，从橡胶到金属加工的能力，我们都具备。所以，在产品的完整性上，我们应该还是比较有特点的。

另外，我们本身是一家汽车电子公司，比如最近我们就有一个智能悬架的控制器实现了量产。在产品的软硬件上，我们有完整的能力，这也得益于我们在汽车电子领域长期积累的一些能力。

在系统集成方面，我们目前也会给客户一个完整的可选方案，如果客户需要我们来做系统集成，我们可以提供全套的解决方案。最近有这样的量产项目，也有即将量产的项目，还有在未来一两年中会逐步进入量产阶段的项目。

同时，我们也在不断地做产品升级的研发，比如 2024 年我们有更多的双腔空气悬架量产，另外在更前沿的，例如三腔空气弹簧产品，我们也做了一些前期研发。所以在产品的深度和广度上，我们都有一些积累，有一些能力，我们可以给整车企业客户以及最终消费者提供更具性价比的产品。

周晓莺： 双腔是现在的一个趋势吗？

张祖秋： 对，2024 年，我们会看到双腔空气悬架在整个空气悬架市场的占比不断上升。

从产品的发展来看，双腔空气悬架本来应该是更高端的，因为它与单腔空气悬架相比，成本显然是更高的，但中国空气悬架经过短短两三年的发展，就已经呈现出双腔空气悬架会快速上量的趋势，我觉得，从全球汽车产业来看，这都是比较少见的，是很让人吃惊的。我们也接触过产业内欧美地区的一些同行或者客户，大家一开始也不是很能理解，为什么在中国双腔空气悬架发展得这么快。

从产品本身来说，双腔空气悬架可以给消费者更好的体验，因为它提供两组可变的刚度，可以有更多的组合，在不同的应用场景中可以提供更好的操控性、更好的舒适性。

当然，用户体验是一方面原因，另一方面，这也确实与整车企业或者整车市场竞争更加激烈有关，整车企业需要升级产品以给用户更多的获得感。另外，随着国产供应商量产规模的不断加大，空气悬架的单车成本不断压缩，也带来了可能性，将来 30 万元左右的车型可能会越来越多地采用双腔空气悬架，单腔空气悬架则会用在定价更低的一些车型上，慢慢地可能会形成这样一个格局。

周晓莺： 汽车企业和供应商，大家真的是拼尽全力，用极致性价比的方式，把好的技术和能力尽可能地上车给我们的消费者。

保隆科技的能力可以把颗粒度变得很细，也可以把颗粒度组合起来，变成一个集成商。

张祖秋： 对，我们可以给客户不同的业务模式。如果客户需要自己做系统集成、由我们来提供零部件，当然没问题；如果客户需要一家供应商来做系统集成，我们也有完整的能力；还有客户需要我们做系统集成，但是软件方面希望我们白盒交付，这也可以。目前我们的交货方式是很灵活的。

周晓莺：核心还是要服务客户，按照客户的要求提供服务。

张祖秋：是的，客户需要什么，我们能够提供什么。我们也不担心，如果客户自己做集成，那么将来我们是不是就没有价值了？我觉得不会，因为作为一家供应链企业，我们的产品在不断迭代，我们的能力在不断进化，我们也在不断地提供更有性价比的产品和服务，只要这一点做到了，我觉得客户始终会需要我们。

周晓莺：其实大家还是会很纠结：汽车企业自研，要求白盒，那么很多东西汽车企业都掌握了，这样会不会对自己的业务产生影响。

张祖秋：我不太担心。不仅是在悬架，而且还包括其他产品，较早的时候就有汽车企业提出白盒要求。我们内部在有的同事还在思考这个要求究竟该不该去满足的时候，我就认为，没有什么可犹豫的，这是可以满足客户的。

如果客户有这样的需要，并不代表客户拿了白盒之后就不需要供应商了。我觉得，主机厂要白盒、要自研，是因为有特殊的出发点，比如非常核心的一些可以差异化的体验（比如与智能驾驶相关的部分），主机厂确实需要自己掌握。与悬架相关的部分，我相信，基于有些客户需要对整个智能底盘有更高的掌握能力，甚至更多的集成能力，情况同样如此。

至于客户自研之后是不是就不需要供应商了，其实未必，因为在后续的一些具体的量产项目上还是可以深度合作的。所以越是透明开放，双方的信任度就会越高，最终还是要看究竟怎样更有效率。如果开发以供应商为主更有效率，哪怕是白盒交付，主机厂掌握了一些核心技术，也未必一定都要自己来做，掌握和一定要自己做，我觉得是两个概念。

周晓莺：从产业分工上来讲，最终一定还是要术业有专攻。主机厂在起步的时候可能需要去学习，学完之后能跟供应商更好地配合，需要有这样一个阶段。

张祖秋：是的，对于悬架，我想客户更主要的还是想要在掌握产品、具备能力之后，在与供应商的合作开发过程中能更有把握，这也会促使供应商开发出更好的产品。

周晓莺：保隆科技不害怕竞争？

张祖秋：不害怕，坦白地说，就算我们不愿意提供白盒，别人也会提供，所以没有必要担心。

周晓莺：在这个情况下，怎样保持企业的竞争力？

张祖秋：产品永远都不是静态的产品。一个产品可以用七八年这样的事情以前有，现在已经不太有了。以前我们看到，一些产品的生命周期确实很长，我们获得的一些跨国整车企业的量产项目，它的生命周期甚至有超过 10 年的。这种情况在今天不太会有，特别是在中国汽车市场。

所以产品本身就需要不断迭代，一个动态的、快速迭代的产品，你不必担心"我今天给了白盒，将来就没有可以做的了"，因为你的产品本身就需要不断地迭代、不断地变化。

周晓莺：所以科技企业的护城河其实不是现在的产品，而是能够持续迭代创新的能力。

张祖秋：对，一项技术的保鲜期明显是较短的。汽车产业本来是一个长周期的产业，按照原来的节奏，量产的这代产品也许生命周期有 7 年、8 年甚至 10 年，在这代产品上可以赚到所有能赚到的钱，然后再迭代，下一代产品再经历这样一个周期。这是原来的节奏，现在已经不是了，因为整车的迭代速度都加快了。

有的新势力企业3年车型就大改款。在国内新势力自主品牌的带动下，车型开发周期大大缩短，达到24个月甚至18个月，现在一些外资整车企业的节奏也在加快，整个产业的节奏已经变化了。从供应链来看，就像您刚刚说到的，你的竞争力不在于你今天的产品，而在于你怎么能够更快地迭代出持续的、更有竞争力的产品。

周晓莺：从保隆科技的业务来看，产品宽度在持续增加，而且有好几个品类已经做到全球非常领先的位置。在空气悬架领域，您觉得保隆科技的优势主要体现在哪些方面？

张祖秋：在空气悬架方面，我们的优势是，在产品的宽度和深度上我们都具备一定的能力，目前也有一个不错的团队。从研发到制造，我们积累了26年，在悬架业务单元建立了一个有能力的团队，这个团队还在不断成长壮大，这是将来我们进一步在悬架领域深耕的基础。

另外，在悬架方面，也可以用到公司其他产品已经具备的能力，例如传感器、控制器等，可以把这些产品的能力复用在我们的悬架产品上。我想这是相比于一些其他同行的优势。

此外，在国际化的程度方面，保隆科技本身就是一家深耕全球市场的企业，我们建立了全球化的架构，在全球不同的主要市场，我们具备给客户提供本地化研发、本地化制造、本地化服务的能力。

特别是今天，全球供应链处于一个重塑阶段，近地化显得比原来更加重要。在空气悬架业务上，预期在不远的将来，在全球化业务发展道路上我们会取得一些成果，到那个时候，我们会向行业公布取得的进展。我们已经在做这样的准备，例如在欧洲，我们组建了工程团队，也有一些后续本地化制造的前期规划。在未来全球化的道路上，空气悬架会是我们非常重要的一个方向。

周晓莺：保隆科技的国际化是始于一开始的。

张祖秋：没错，保隆科技的发展历程跟国内同行不太一样，我们是先从海外市场做起的，而后随着中国汽车市场的快速发展，我们回到国内，在国内投放了大量资源。我们从海外市场到国内市场，现在又再次加码海外市场。保隆科技积累了一些全球化经验。

周晓莺：保隆科技现在的客户包含海外汽车企业、中国的传统汽车企业以及新势力汽车企业，那么如何提供差异化服务呢？

张祖秋：我们确实有很丰富的客户群体，大家看得到的、数得出来的整车企业，多多少少都在采用我们的产品，客户的要求既有相通的地方，也有有差异的地方，需要适应不同客户的需求。

比如国内的新势力企业、国内自主品牌可能要求产品开发的速度更快，一些国际整车企业可能对产品的可靠性、产品开发过程中的可靠性验证会有更多要求，也会需要我们更有耐心地进行更长周期的开发。他们会有相互融合的一些方面，比如国际 OEM 正在加快他们的速度，但还是存在许多差异，我们在业务配合过程中深有体会。

对整车企业客户的要求和体系究竟能掌握到什么程度其实是很重要的能力。这个能力对于零部件企业来说，看起来不是可以量化的，也不是那么显眼，但很重要。不能想当然地把对一家客户的理解放到另外一家客户身上。

周晓莺：就空气悬架来说，保隆科技现在服务的主要客户群体还是在国内？

张祖秋：是的，目前是在国内。如果从我们已经量产的空气弹簧来说，那么都是国内客户，但是也有其他的空气悬架系统产品我们已经在服务海外整车企业，将来我们也会把空气悬架系统更多的产品供应到海外市场。

周晓莺：在空气悬架领域，保隆科技目前的核心产品以及未来研发的主要方向张总能否介绍一下？

张祖秋：除了可以提供系统集成全套解决方案之外，我们最核心的产品一个是空气弹簧。在整套系统中，目前空气弹簧的产品价值量最大，产品门槛很高，在空气弹簧产品上，我们有比较好的积累。另一个核心产品是传感器。保隆本身是一家传感器企业，像高度传感器、加速度传感器都是我们成熟的产品。另外，我们也获得了很多储气罐项目，在手的量产项目可能超过 40 个，包括一些跨国整车企业的项目。

保隆科技乘用车空气弹簧

这些产品在行业里已经有一定的领先身位。在其他更多产品上，比如电控减振器，现在我们在做更多的投入。

从未来发展方向上来看，前面讲到，空气弹簧从单腔到双腔再到多腔，在这方面我们在做更多技术能力的储备；另外，从核心的、影响到产品性能表现的一些部件，比如橡胶囊皮等更上游的一些部件，我们也在做工艺升级以及生产设备的开发，我们的欧洲子公司就在做设备的开发。陆陆续续地，我们在这些产品上也会体现出更强的能力来，能提供给客户更多的价值和更高的性价比。

周晓莺：现在新的技术持续涌现，各个维度、各个行业都会跨界到汽车产业来，作为一家生态链上的科技企业，除了持续做技术的研发投入之外，其实技术选择也变得很重要，保隆科技是怎么来做技术选择的？

张祖秋：我觉得，从汽车产业来说，就是要做一些技术趋势的判断。

当然，在一个阶段，当有不同的技术路线出现时，会有比较难以判断的一个周期，但汽车行业仍然是一个相对长周期的行业，所以在一些技术趋势的判断上，有的企业可能更早一点，有的企业可能偏晚一点，但是很多情况下，不会构成一个很实质性的障碍。

包括对空气悬架市场的判断，其实产业里一直都有一些不同的声音，例如最近的全主动悬架，我们的一些客户未来会在一些车型上配备，大家会问：它对空气悬架会构成替代吗？实际上，全主动悬架往往是与空气悬架配合来使用的，并不是相互替代的关系，它们各有各的产品价值。

我们要不断地去观察、去分析、去交流。对于一些可以看得见的、在未来可能会成为行业更主流趋势的技术和产品，我觉得我们总体上还是有能力把握的。

周晓莺：2023 年 10 月，保隆科技与蔚来汽车签订了战略合作协议，这是得到很大的认可。

张祖秋：是的。通常整车企业与一家零部件企业签订战略合作协议，一定是基于对它过往业绩的肯定。不过我们跟蔚来签订这样一个战略合作协议具有更多意义：一方面，蔚来一定是要跟价值观比较契合的合作伙伴签订战略合作协议；另一方面，未来的战略合作，一定不只是对过往的认可，更多的一定是对未来大家可以怎么合作、需要做什么的一个规划。

在签订协议之后，有很多工作都在进行当中，包括对供应模式或者合作模式的一些新的探讨、在某些产品上可以更好地去做前瞻性的研发，这些交流是实实在在地在开展。所以，这个协议的签订对我们来说是非常重要的。

周晓莺： 保隆科技很看重与合作伙伴的相互赋能。

张祖秋： 对，我们认为，最理想的伙伴之间的关系，包括我们跟我们的客户，也包括我们和我们的供应链合作伙伴，也可能包括我们跟某些可以合作的同行，都应该是一个相互的承诺，可以透明开放地寻求合作，而且一定要站在彼此的立场上，设身处地地为共同的发展考虑，而不是只站在自己的立场上。在行业内，就合作性而言，我觉得我们的口碑应该是不错的。我们一向有这样的价值观，这是一以贯之的。

周晓莺： 刚刚提到国际化，现在整个中国汽车产业的产能、品牌、竞争，都促使大家必须走出去，不只是汽车企业，生态链上的其他企业也在走出去。保隆科技目前在海外的布局是怎样的？如何更好地服务国际客户以及帮助中国客户走向海外？

张祖秋： 从我们自己的国际化道路来说，过去的 20 多年，我们从最初的产品出口开始，然后通过并购的方式在一些主要市场搭建本地化团队，给客户提供本地化服务，这在过去的这些年确实很有成效。在最新的这轮国际化浪潮中，或者在中国供应链企业"出海"这样的热潮中，我们算是国际化的"老兵"，但我们也要再加码。

全球汽车产业格局确实在发生很深刻的变化，既有各国整车企业对于供应链的重新考虑，不仅仅是以成本为最主要的导向，也考虑供应链风险，包括对近地化更迫切的需求，也有中国整车企业从产品出口到在海外做更多产业布局这样的趋势。我想，正是在这样的大背景下，供应链开始或再次有很高的热情要在全球去布局。

我们在这一轮变革中要利用好原来已有的架构与经验。我们主要的思路是，在全球的一些主要市场，包括欧洲、北美洲，我们再做一些加法，比如原来我们从北美洲转到中国来的一些产品，现在也许需要再加回去。当然，我们更可能增加的是增量业务，不是原有业务的转移。也有一些市场，我们原来没有布局，但是今天也成为热点，比如东南亚地区，中国整车企业去布局的热情是非常高的。我们是不是应该去当地，需不需要在东南亚布局，再做一个出口到其他市场的基地，这些我们都在思考当中，也做了一些前期的设点，后续可能会有更实质性的一些行动。

对于中国"出海"的零部件企业来说，我们是开放合作的。我们在一些主要市场，特别是在欧洲的布局可能更完整一些，基础设施更齐全一些。我们跟一些国内的同行，在前期有很多经验分享。我们匈牙利的园区过去一年接待了很多中国的零部件企业，我们会做一些交流，也会谈到更实质性的业务合作，比如，如果在前期考虑到一些投入的风险，我们已有的一些能力是可以作为一个合作内容的，比如我们的一些制造能力是可以跟一些合作伙伴分享的。

保隆科技欧洲研发制造中心开园仪式

周晓莺：保隆科技更愿意把自己很多实践经验开放给大家，让大家一起把市场做大。

张祖秋：没错，我们一直很开放。

周晓莺：保隆科技是您在 1997 年和同学创业成立的，2017 年上市，到今天至少有四个品类在全球市场比较领先，这个成绩单您满意吗？

张祖秋：还是满意的，很感恩，因为在公司最开始创立的时候，一定想不到会这样。我想这正好契合了这个时代的发展。过去这么多年，无论是中国经济的发展、制造业的发展，还是中国汽车产业的发展，我们正好身处大时代当中，从这一点来说，我们是满意的。但是产业的发展没有尽头，企业的发展也一样，从这个角度来说，我们又是不满意的，因为总有可以做得更好的地方。

周晓莺：您在创业的路上，有特别难的时候吗？

张祖秋：当然有，如果展开说，那就太多了。

周晓莺：非常难的时候是怎样过来的？

张祖秋：我曾经跟很多同事讲过，大家总是有觉得没有办法的时候、不知道会有什么样结果的时候，这个时候，面对某些挑战、困难，我们能做的就是再去看看当下能做什么，这可能更能让你拥有更积极的态度。不要太患得患失，而是要着眼于当下可以做的事情，看看有没有事情还可以做。但是如果你真的认为所有的事情都做了，那么很多时候你就要接受结果。

很幸运的是，我们在过去这么多年面临挑战的时候，当我们觉得自己做了很多或者做了所有的我们能做的事情之后，最后的结果都没有那么差。

周晓莺：您平时好像没什么架子，很不"老板"。

张祖秋：这可以问我的同事，大家应该会有比较一致的看法。我想在我们公司，所有的同事都会有一个"大家是很平等的"这样的观念和感觉。有的时候我们一线工人有事情也会来找我，我一定会回复。我自己能做的事就自己做，出门往往是一个人，背个包就走。

周晓莺：保隆科技的文化很有特色。

张祖秋：对，我们的核心价值观是"负责，上进，分享"，就跟我们的发展历程一样。当然，我们有过高速发展时期，但不是一夜暴富。所以我们的"果园文化"还会持续地投入，持续地耕种，它一定会有开花结果的时候。这也符合汽车产业这样一个长周期、需要有长期主义的产业，这也是我们的特质。

周晓莺：就是沉下心来，安心地播种施肥。

张祖秋：还是关注企业的基本面，而且要特别能坚持。我们是很能坚持的。我们之所以能成为一些细分行业比较主要的供应商，是因为我们能坚持。有的企业可能是在短期内通过投入大量资源把一个产品或一项业务快速做起来。我们在需要投入很多资源的时候，也会这样投入，例如空气悬架，这几年的投入力度非常大，但更多的时候是长期耕耘的结果，不是很短期的行为。

周晓莺：您刚才提到，从 1997 年创业，这一路走过来，时代背景给了很多机会。我们现在看当下的环境，它和以前快速的增长相比，已经有了比较大的变化，很多年轻人会比较"佛系""躺平"，会有不同的价值观和思维。如果说请您给现在的年轻人一些建议，您觉得怎么样会更好？

张祖秋：很难，给年轻人建议是最不讨好的事情。

我觉得，这个时代发生了很大的变化，对于将来的环境，我们作为一个个体，是没有办法去预测、没办法掌握的，所以我觉得更重要的是我们到底想有一个什么样的人生，然后在时代的变迁中做好自己。

我觉得很多中国企业并没有那么多纠结，至少在我所处的产业内是这样的。我们看到，中国的汽车产业，大家对时代没有担心吗？一定会有，但大家都还在努力，并没有说：我不知道、不确定将来会怎样，所以干脆"躺平"算了。

所以不管是整车企业还是零部件企业，不管是中国企业还是跨国企业，大家都没有放弃，大家都还在努力。我觉得这对于整个产业来说是非常好的一件事情。

周晓莺：汽车产业是很棒的产业，它有技术变化，有产业变革，有窗口期，所以，大家虽然说累，但其实都很努力，很努力地去争取确定性。

张祖秋："吐槽"还是会"吐槽"的，但是努力还是很努力。

周晓莺：在您看来，人这个个体怎样保持持续的竞争力？

张祖秋：不管通过什么样的方式，一直要学习。企业也一样，要不断地成长。当成长成为内在驱动力的时候，我觉得学习就是很自然的事情，对于个人、对于企业都一样。

周晓莺：现在保隆科技有多少人员？

张祖秋：到 2023 年年底超过 6000 人。

周晓莺：超过 6000 人，遍布全世界多个不同的国家。作为这样一家企业的掌舵人，怎么样去平衡你的精力？

张祖秋：我自己的时间精力一定要更多地花在我们正在高速成长的一些业务上，特别是与客户的互动上，与团队共同去解决一些课题，这是很重要的一部分。另外一部分是整个企业组织能力的打造、与我们体系能力提升相关的一些工作，流程体系也好，数字化工作也好，每年的战略滚动也好，会在这些方面花很多时间。

当然，经过 26 年，整个公司有了一定的成熟度、有一个相对成熟的团队。在我们最核心的管理团队中"70 后"最多，但是"80 后"越来越多，甚至有"85 后"成长进入到公司最重要的管理层。

从整个管理团队来说，我觉得我们也是处在一个很好的阶段，有经验、有积累，也有冲劲、有激情。我觉得，这一年正好是我们可以快速向上的周期。

周晓莺：您对 10 年之后的保隆科技有什么期待？

张祖秋：10 年之后，我相信，在一些我们所选择的产业方向上，应该可以走到细分领域的更前列。前面说到，我们有 4 个产品做到了全球前三名，我想 10 年之后应该会有更多。当然，我期待的是，我们今天所选择的所有产品和业务都能做到全球前三。期望我们能够为汽车产业贡献更多的价值。

🌐 企业介绍 ●--

保隆科技于 1997 年 5 月创立，2017 年在上海证券交易所上市，总部位于上海松江，在上海松江、上海浦东、安徽宁国、安徽合肥、湖北武汉、江苏高邮，以及美国、德国、波兰、匈牙利、奥地利等地有园区和机构，在全球有 19 家工厂、11 个研发中心，员工超过 6600 人。保隆科技致力于智能化与轻量化汽车零部件，产品包括气门嘴、平衡块、空气悬架、排气系统管件、汽车结构件、排气再循环系统（EGR）管件、连接母线、液冷板、胎压监测系统（TPMS）、传感器、高级驾驶辅助系统（ADAS）等。

为消费者提供价值是我们的重要使命

——对话地平线 余凯

开篇导语

近年来，随着智能汽车行业热度的不断提高，无论是造车新势力企业，还是传统主机厂都在加大对智能驾驶赛道的投入。作为汽车的"智能大脑"，智能计算方案的市场需求正在不断攀升。作为智能驾驶科技头部企业，地平线公司致力于通过软硬结合的前瞻性技术理念，研发高效能的硬件计算方案以及开放易用的软件开发工具，为智能汽车产业变革提供核心技术基础设施和开放繁荣的软件开发生态，为用户带来无与伦比的智能驾驶体验。

地平线有怎样的企业使命？中国市场在地平线的业务运营和拓展中的重要性如何？地平线如何看待汽车行业智能化趋势的发展？地平线对自身未来发展有何规划和期盼？2023年4月，对话嘉宾——地平线创始人兼首席执行官余凯博士，讲述了地平线的创立初衷，以及在智能化趋势下企业与行业共同成长的故事。

———↘ 周晓莺与地平线创始人兼首席执行官余凯

访谈实录

周晓莺：您创建地平线的初衷是什么？

余凯：说来话长。从我上大学开始，我就对机器学习充满热情，至今已经有 27 年。我着迷于开发计算机程序，想让机器能够像人类一样学习、思考和行动，这也是我整个职业生涯的追求。我在百度工作期间启动了自动驾驶汽车开发项目，想要将机器学习与汽车行业相结合。

我的家人也对我产生了一定的影响。我的父亲是一位非常优秀的汽车工程师，一生都在从事与汽车相关的工作。小时候经常听到人们称赞他在汽车制造和修理方面的出色能力。在某种程度上，我也受到了爷爷的影响，他从事与轮胎相关的业务，也与汽车有关。可以说，这是一种家族传承。其实我在本科和研究生期间修的是计算机相关专业，但最终还是入了汽车这行。

成立地平线不仅仅是出于好奇心，还出于一种使命感，即探究技术存在和发展的意义。比方说在交通堵塞很严重的北京，开车时你必须高度集中注意力，整个人会非常紧张。你不会喜欢这种状态，对吧？所以我一直在思考，我们能不能开发出更先进的技术，能让人们的日常出行更安全、更舒适、更便捷？这将为人类创造不可估量的价值。而这也是地平线的使命。

周晓莺：用三个关键词来描述地平线，您会选择什么？

余凯：这个问题非常好。我们刚刚提到使命，所有技术存在和发展的意义都来源于此，即为人类创造价值，换句话说，就是"以人为本"，这也是我选择的第一个关键词。无论汽车功能有多强大，系统有多聪明，用户才是机器真正的主人。建造能够切实帮助消费者的机器，在提高安全性的同时带来更多驾驶乐趣，这便是地平线的使命之一。秉持着"安全至上"的原则，地平线研发了一系列智能驾驶产品。

严格来说，消费者并不是我们的直接客户，汽车制造商才是。汽车企业致力于为消费者制造更出色的汽车产品，而我们则为汽车企业赋能。从这个角度来看，我们和汽车企业面临同样的挑战，也分享同样的使命。

地平线北京办公室

我选择的第二个关键词是"高效能"。你能感受到整个社会正变得越来越数字化，你觉得未来 10 年全球最大的能源消耗会来自哪里？实际上，它将来自计算。届时，汽车将变成一台台车轮上的计算机，数十亿辆汽车每天行驶在路上将消耗掉大量能源。因此，地平线还有一个使命便是构建绿色低碳的智能驾驶方案，通过软硬件结合并持续优化，推动汽车行业更多地使用绿色能源。

第三个关键词则是"开放合作共赢"。任何公司都不可能只通过单打独斗就做成一切，这意味着我们需要保持开放的心态，专注于自己真正擅长的领域，并与生态合作伙伴携手共进。

目前，地平线已与众多软件供应商、硬件组件供应商、传感器制造商以及国内外汽车制造商建立了合作伙伴关系，并频繁交流探讨行业共同进步的方向。如何帮助客户获得更大的成功也是地平线人日常思考的议题之一。帮助客户，也是帮助自己巩固行业地位。

周晓莺：您对中国市场的发展现况怎么看？

余凯：中国汽车市场不仅体量庞大，其智能电动汽车业务的发展速度也是相当惊人的，这点从逐年快速攀升的渗透率得以窥见。2022 年，中国新能源汽车全年销售近 700 万辆，全球销量占比超过 60%。

我认为中国是个极有活力的市场，是许多新技术的首发地。它还十分包容，为上百个汽车品牌提供了发展的舞台。从这个层面来看，中国市场也是个聚集了众多优质玩家的全球化市场。此外，中国消费者的心态也更为开放，更愿意尝试和拥抱新技术。

地平线目前的业务重心聚焦在中国市场。虽然是本土市场，但是任务并不轻松，仍需要我们集中所有的精力和资源。除了要帮助自主品牌发展壮大，我们还会助力许多国际汽车企业在中国市场实现创新落地并获得商业成功。

周晓莺：汽车行业正在加快智能化、电动化转型，这是否给地平线带来很多发展机会？

余凯：是的。未来，汽车将如同"车轮上的计算机"，而我们正在开发的解决方案，就是要帮助汽车制造商打造这样的"计算机"，为消费者带来前所未有的数字化体验。对地平线来说，这是一个进行软硬件设计创新并搭建完整生态系统的绝佳机会。可以预见，在未来 10 年，汽车将演变成新型数字空间。这个空间将成为除了办公室和住所之外，人们的"第三生活空间"。用户在车上的时间会更多。比如，我就花了相当多的时间在车里开视频会议。

周晓莺：所以，汽车也是你的工作空间。

余凯：是的，因为我经常出差，在外面拜访客户。

周晓莺：也就是说，它是你的移动办公室。

余凯：的确如此。这类日常高频场景给了地平线广阔的用武之地。不过，这机会并不是地平线独有的，而是公平地摆在所有行业参与者面前的。比如，汽车智能功能的实现离不开摄像头、超声波雷达等传感器的应用，这为传感器制造商提供了巨大的发展机遇；再比如，软件定义汽车趋势的发展让软件在汽车中的重要性日益突出，相应地，这也为许多互联网公司和软件供应商带来了机遇。

周晓莺：汽车已经变成了一个全新的生活空间。

余凯：是的。实际上，自汽车诞生后的 100 多年里，其基本形式几乎没变过。直到现在，软件定义汽车、数字化体验等概念的涌现，配以各种创新技术的发展，才使汽车所代表的意义突破了人们固有的认知，发生了巨大的转变。

周晓莺：您认为智能汽车将如何改变人们的生活呢?

余凯：我认为智能汽车将赋予普通人更多的自由。我会说，如果没有智能驾驶，没有数字化技术，事实上驾驶员还是受控于汽车的。如果每天花 1 小时在通勤上，那么在这 1 小时里，你必须全神贯注地开车，根本做不了其他事情，其实这是违反人类天性的。我认为，作为人类，本质上我们是有多任务处理需求的。过去的汽车将人限制在驾驶这一件事情上，其实造成了很大的时间资源浪费，非常可惜。

技术的发展表面上看是让机器更强大，但在我看来，其真正的价值是将人类从这一"禁锢"中解放出来。在这里，我用骑马做个类比。马很聪明，它非常擅长"无人驾驶"，但是它也会服从于骑手的操控。我认为，未来开车跟骑马是类似的，汽车会成为你的生活伴侣，成为你的朋友，不仅为你服务，还十分"善解人意"。

周晓莺：您能介绍下地平线的产品和技术应用吗？它们能为消费者带来怎样的驾驶体验？

余凯：我们的第一代和第二代车规级产品分别是征程®2和征程®3系列计算方案，侧重于汽车安全性能的提升，主要用于一些基本的驾驶辅助系统，比如自适应巡航（ACC）和自动紧急制动（AEB）系统。一旦碰上紧急状况，驾驶员又因为疲劳或者分心而来不及反应，系统将自动减速甚至刹停，避免事故的发生。目前在中国市场已经有数百万辆汽车搭载了这两代产品。我们始终把安全作为产品研发的首要目的，我也相信这类创新切切实实地提高了人们日常通勤的安全程度。

搭载地平线征程家族计算方案的量产车型展示

注：图中内容截止到 2023 年 4 月。

征程®5 是地平线第三代车规级产品，更注重汽车的智能驾驶功能。比如它能帮助汽车在高速公路上实现领航辅助驾驶（Navigate on Autopilot, NOA），如此一来，驾驶员不必把所有的注意力都放在开车上。虽然这并不代表辅助驾驶系统能完全代替人类的操作，但是让驾驶员更轻松地开车还是可以做到的。我认为这才是符合人性的技术趋势。人不是机器，没必要花费全部的精力在这种机械操作上。我曾经开着一辆搭载了征程®5 的车跑了 100 多千米，整个过程非常轻松。我们在 2021 年推出了这款计算方案，目前已经应用在国内多款畅销车型上。未来，我们还将围绕征程®5 与更多汽车品牌达成合作，帮助它们推出更强大、更受欢迎的汽车产品，以满足中国市场需求。

周晓莺：2022 年，大众汽车宣布旗下软件公司 CARIAD 与地平线达成合作。除此之外，地平线还和其他很多汽车企业建立了合作关系。为什么它们会选择地平线？

余凯：能够和大众集团合作，我们感到非常自豪。对于许多中国消费者来说，大众不仅仅是一个家喻户晓的汽车品牌，它见证了汽车文明的发展，在我们的童年记忆中留下了深刻的印象，本身也拥有庞大的用户基数。与这样的企业合作，本质上是与地平线想要为人类提供更安全、更美好生活的使命相契合的。我们会充分发挥德国品质和中国速度结合后产生的巨大能量，共同开发领先的智能驾驶方案，使汽车越来越智能。

当然，除了大众这类国际品牌，地平线还和很多国内品牌达成了合作。毕竟，我们的使命是为所有的消费者提供价值，而这一使命也是和我们的客户以及汽车企业共享的。

周晓莺：您对地平线未来的发展有什么规划和期望？

余凯：我认为地平线还是要先专注做好当下正在进行的事。要实现我们的目标，还有很长的路要走，可能需要 10 年，甚至 20 年的沉淀。这会是一个漫长的过程。但是正如我们的口号"Journey Together"想要传达的意义，这个旅程不会是一个人，或者一家公司孤军奋战。我们将与合作伙伴和客户一起，建立开放的合作模式，并制定共赢策略，携手共同进步。

我相信，在大家的共同努力下，汽车将在人们的生活中扮演越来越重要的角色。同时可以预见的是，一旦我们能够为汽车开发出真正强大的计算解决方案，我们的能力也将在其他领域大放异彩。

周晓莺：这样的未来还是挺令人期待的。

余凯：是的，那个时候，地平线已经进化成了 2.0 版本。让机器做机器该做的事，帮助人类更好地享受生活，就是地平线的最终目标。

周晓莺：非常感谢您的回答。希望地平线能实现自己的目标。

余凯：谢谢。

🌐 **企业介绍** ● --

地平线是市场领先的乘用车高级辅助驾驶系统（ADAS）和高阶自动驾驶（AD）解决方案供应商，拥有专有的软硬件技术。公司的解决方案整合了领先的算法、专用的软件和先进的处理硬件，为高级辅助和高阶自动驾驶提供核心技术，从而提高驾驶员和乘客的安全性和体验感。依托已大规模部署的前装量产解决方案，地平线成为智能汽车转型及商业化的关键推动者。

冲刺全球智能驾驶领域 TOP 梯队

——对话黑芝麻智能 单记章

开篇导语

全球汽车产业正式进入以智能化为竞争核心的下半场，无论是对电子电气架构的升级转型，还是对软件定义汽车，芯片的重要性已不可同日而语。尤其随着辅助驾驶系统的搭载率越来越高，芯片已然成为汽车企业打造差异化优势的关键所在。

有数据显示，2022 年我国搭载辅助驾驶系统的乘用车新车销售量达 700 万辆，同比增长 45.6%，市场渗透率提升至 34.9%；新能源汽车辅助驾驶系统的搭载比例达 48%。市场快速增长的背后，本土芯片供应商也迎来了史无前例的发展机会。

2023 年 10 月，盖世汽车对话黑芝麻智能创始人兼首席执行官单记章先生，一起聊聊这七年来创业的经历与思考，以及黑芝麻智能的产品布局和未来规划。对于市场竞争格局的变化，单记章也首度做出了回应。

⟶ 黑芝麻智能创始人兼首席执行官单记章与周晓莺

周晓莺： 刚刚您提到 2016 年选择创业，我特别好奇，为什么您当时会想到创业，而且选择了车规芯片这条路？

单记章： 我做视觉感知做了 20 年，可以说做到了全球最顶尖梯队，在一些全球重要的会议上，那些主席都会来跟我探讨很多东西。我在这个行业做得不错，而且特别专注，OmniVision(豪威科技) 也是特别专注的。但实际上我希望这项技术能够扩展一些，这在 OmniVision 内部很难实现，因为 OmniVision 一直专注于做图像传感器。而我负责软件、算法、应用、架构这些，所以有机会接触到各种各样的东西，比如 2010 年上海世界博览会，全球第一次用视觉技术做大规模工业应用，我们为中国馆和世博轴提供了人流控制方案。

周晓莺： 当时这方面是您负责的吗？

单记章： 对，当时是我负责的。硬件来自海康，软件是我们的。这方面的应用，后来也成了 Google（谷歌）搞自动驾驶汽车的基础。当时我们在思考，中国人在美国硅谷做得都很好，但在中国国内真正实现由自己定义、自己做出来并量产的 TOP 级[⊖] 大芯片，其实没有。这是我们最早的源动力。我们希望能够做出一些真正有引领性的东西，应用范围要好，技术要匹配。

我自己搞视觉和传感器，这显然是合适的切入口。另外，汽车也是人工智能和视觉的一个应用场景，这些因素结合起来，一个是我积累了这么多，一

㊀ 这里指的是最高级或顶级。——编者注

个是应用领域正好打开了，特别是当时都预测 2035 年 AI 产业的总产值可能会超过全球其他所有产业的总产值之和，所以我们有了动力，就去做了这件事。最重要的一点，是我一直在做芯片，我毕业于清华大学无线电系，是学芯片的。

周晓莺：所以要一辈子吃芯片这碗饭了。

单记章：对任何一个产业的发展来说，核心芯片都是最大的推动力。手机做得那么好，没有芯片根本不可能，我们相信汽车也是这样。过去，芯片可能仅具备一些小的功能，比如 MCU（微控制单元）、ECU（电子控制单元），以及一些小的功能模块，但现在，智能驾驶需要很多传感器协同工作，没有哪个传感器可以单独工作，它更像一个有机的整体，因此必须有芯片来统筹处理。这是我们能发挥特长的地方，也是我们的理想。

之前我们内部经常在一起交流，大家一致认为汽车是下一场变革的重要载体。2014 年、2015 年，汽车行业其实在走下坡路，面临着一场非常大的变革，对我来说也是难得的机遇期。另外，当时想做的这件事，也得到了不少朋友、同事、校友的支持，很多人甚至在资本还没到位的情况下，就毫不犹豫地辞职了，这给了我压力也给了我动力。后来北极光创投投了第一笔钱，帮我们解了燃眉之急。

周晓莺：然后就开干。

单记章：对，然后就朝着这个方向做了。我一直是做技术的，所以比较认同技术的力量，纯粹的商业模式不是我擅长的，但技术方面，我还是有一些前瞻的眼光。

我们最早思考到底哪些技术是核心，那时候争论很多，比如到底是用激光雷达，还是用摄像头，还是用其他传感器。我们认为是以摄像头为主的多传感器融合，现在看来这显然成了一个主流趋势。我们当时做的芯片，无论是美国还是其他地方都没有人尝试，有人很不看好，但最终我们把它做出来了。第一颗芯片里面，视觉、图像处理技术都特别重要，我以前在 OmniVision 的时候也做过 HDR（高动态范围成像），主要处理一些特殊光线情况，大雾、雨雪天气成像等，我知道这在汽车里特别关键，汽车不像手机，手机可以自行调整光照角度，但汽车做不到。所以这是我们认为必须处理好的一件事。

另外，汽车的技术主要看 AI、神经网络处理，智能驾驶实际上是由 AI 技术推动起来的。我的研究生论文方向就是 AI 神经网络，当时跟着李志坚和王守觉两位院士做。2012 年左右，深度卷积神经网络成为 AI 发展的一个大突破口，这才推动了智能驾驶的发展。其中核心 IP 是特别关键的，我们想么做这个。一种方式是买，这是初创公司的普遍做法，但我们没有这么做。因为那时虽然有公司卖，但都是特别小的算力，2TOPS 都算高的，所以我们自研了核心神经网络 IP，一做就几十个 TOPS，显然不是一个数量级的东西。芯片的功耗、性能、利用率这些指标都特别关键，所以我们决定自己开发芯片。

周晓莺：如果回过头看这七年的创业历程，您觉得和之前的规划一致吗？

单记章：前五年几乎是按照我最初的想法，不管是人数、技术还是产品，几乎是一模一样地走过来的，包括花的钱都是一样的。到 2022 年，公司发展得更快一些，有好处也有坏处。好处是公司发展更好了，不好的地方是人数增长太快，一方面花销更大了，另一方面，增长显著也意味着公司管理、组织架构、做事方式是不是能够跟得上成为一个挑战。2022 年人数从 600 人增加到 1200 人，有点超出预期，但好在没有超出太多。最近我们也在讲资本利用率，和一些友商相比，我们花的钱可能是别人的 10%~20%，但产品实际上超前别人一代。

我们的战略从来没变过，定位方向也从未变过，每一步都按照自己的预期走，这是根本原因。没有思考得特别激进，不是市场要什么，我们就赶紧跟着市场走。我们不跟风，而是有所为有所不为。对于您问的是不是跟自己的规划一致，我觉得还是需要自己去思量，肯定会调整一些，不管是产品定义还是产品推出的节奏，这些东西肯定会有一些变化，但大的方向不太会改变。

周晓莺：面对外部变化、内生动力的变化，以及一些商业模式或者产品定义的变化，特别是新技术层出不穷，作为一家技术创业型公司，要在几年前就把技术选型和战略确定下来其实是一件很不容易的事。

单记章：这是很难的，主要有两个原因。一是你要对这个行业深入理解；二是可能还是需要点运气的成分。做汽车不容易，做汽车芯片更难。做这么高算力的芯片，投入压力很大，周期也很长。汽车本身生命周期也特别长，而且智能驾驶汽车是一个全新的东西，方向不确定，大家争论不休，哪怕到今天还有一堆争论。2023年年初说L4级自动驾驶到底什么时候能实现，大家很悲观，我相信到今天已经有所改变。比如2022年讲自动泊车，都说是太不好用，现在已经很好用了。

而且现在应用的端到端甚至是BEV（鸟瞰图）算法，使智能驾驶水平得到了极大提高，在高速路段行驶几乎没有问题。我们从上海的办公室到浦东机场，全程没有人力接管，包括上下匝道在内的场景，以及途中车辆根据普通导航地图规划换道，做得都很好。所以对这个行业，我的预判还是相对准确的，我们没有跟着一些公司去做成本特别高的产品，一直专注大规模量产的方向。我最早的想法就是，我们不做R&D的芯片，要做大规模量产芯片。技术上面我们必须理解，甚至比别人理解得更多。A1000芯片是2018年定义的，那时候大家对Transformer（基于自注意力机制的神经网络模型）都不太理解，但是今天，我们在上面运行BEV、Transformer，表现都很好。

黑芝麻智能华山 A1000 芯片

周晓莺：我之前看过一本书，名字叫《九死一生》，创业并不是一件特别容易的事。

单记章：我们很早就意识到，硅谷能有 1% 的公司成功就不错了，这个概率比九死一生还要低，可以说天时、地利、人和一样都不能缺，运气也不能缺。方向是不是对、人是不是对、做事的节奏是不是对都有影响。不是你的技术特牛，就一定做得好。时间窗口也必须特别好，这个很难，很多初创公司没几年就遇到创始人闹矛盾，产品还没出来，大家就把钱分了。有的公司技术太领先了，市场缺少足够规模的应用，所以出来的时间点太早也不行。而且很多做技术的人对资本不敬畏，他觉得我技术牛、我的产品厉害，资本会求着我，其实不是这样的，两者应该是相互赋能的关系。

周晓莺：作为创业者，在遇到困难的时候，什么会给您力量让您坚持下去？

单记章：我认为"本心"特别重要，就是清楚我到底想要什么。我不是想去赚钱，当然赚钱是一个结果，你要考虑投资人，考虑这些兄弟姐妹，考虑公司的员工。其实我想做的，更多是把这个产业推动起来，把我们的芯片用到千家万户的车里，这是我自己的动力。没做好，我会睡不着觉。遇到困难，比如商业上的困难、资本上的困难、产品上的困难，这些对我来说只是达到目标前的障碍，都可以克服。我也想和更多人分享，不要畏惧困难，人的能力是很大的。准确地讲，你的初心和使命感就是关键所在。

周晓莺：您天生适合创业，因为创业首先要身体好，可以干活，然后带着大家、带着团队一起向前走，这对创始人的考验其实不只是既有的东西，更重要的还有持续学习和更新的能力。

单记章：实际上是这样的，我也跟公司的人，包括我自己讲，我们做的这件事，大家过去都没有达到过。我们想做全球领先的核心产品的领导者，大家都没有做到过。不管你过去在多成熟的公司，做到多高的位置，我也和刘卫红讲，我说你以前在博世做得很成功，做到亚太区底盘事业部的老大，但那又怎么样呢？我们正在做的这件事不一样，这是由我们自己定义的，做事的方式、面临的困难和过去完全不一样，你会面临很多过去想都不敢想的问题。就像我的老师曾经说的："你们以前可能是打篮球的，但现在是在踢足球。"这两个一样吗？真的不一样。所以每个人都要突破自己，包括我自己，没有当过 CEO。前提是心胸要开阔，要有包容心，要有面对困难的勇气，要敢于突破。

周晓莺：一般技术创业的人，往往会有一种偏执：我的技术一定是最好的技术。但往往最好的技术在商业上不一定能获得成功。

单记章：在我看来，技术上我们一定要创新、激进、领先，但产品方面，我反倒要求保守一点。我们不是一家靠烧钱验证技术的公司，而是真正做大规模量产的公司，所以很需要自己思考把关，有所为和有所不为。不是那个东西我们做不出来，相反，我们的芯片都是一次成功，流片一次成功，然后直接量产。

周晓莺：能否具体介绍一下华山系列和武当系列芯片的一些情况？

单记章：我们的愿景是推动智能驾驶、智能汽车的发展。推动大规模量产，是我自己的心愿，我们希望做到头部领先。具体到产品上，我们第一个做了智能驾驶芯片，因为它对智能汽车来说非常关键。第一颗芯片是 A1000，它是面向 L2、L2+ 到 L3 级智能驾驶的芯片。现在看来，这颗芯片的定位依然非常精准，从量产时间到性能指标，定位都非常准。时间点上，相当于现在量产，后面大概一两个月就有一款新车型上市。目前市面上的传感器配置方案，比如 10V 或者 6V（V 代表摄像头）再加上几个毫米波雷达，及其变种方案，黑芝麻智能的单颗芯片就完全能够处理。不管是行车、泊车，还是城市 NOA、高速 NOA，单颗芯片都可以实现。

另外，武当系列产品，我们实际上是想推动汽车电子电气架构的发展。电子电气架构变化其实讲了很多年，但一直没什么太大进展。特斯拉把线束从 1000 多米减到 100 多米时，大家都很兴奋，但后面就没有太多变化，主要原因是缺少芯片。这是我们推出武当系列的一个原动力，我们希望电子电气架构得到发展，相信市场需求也是这样的。武当系列主打的不是所有性能都特别高，而是性能比较均衡，成本比较合适，各种功能都可以实现。我们的重点还是出货量，所以把网关、车控、驾驶、座舱 4 个功能集成到了 1 颗芯片里。

我们的智能驾驶芯片是一个系列，不只是一颗芯片，接下来会继续扩展。另外，很重要的一点是，不管是端到端模型，还是 Transformer 模型，A2000 都会支持得非常好，而且大家担心的带宽问题，我们有很多解决方式。武当系列 C1200 是第一颗芯片，后面也会有一个系列，不只是性能往上飙，可能还会看汽车的主流需求是哪些东西再去做。

黑芝麻智能武当系列 C1200 家族芯片

周晓莺：中央计算平台的演进，反过来将芯片的发展提到了一个更高的阶段。从研发上讲，是不是也要投入很多资源？

单记章：我们主要的支出是研发投入，团队 80% 是研发人员，所以这方面投入特别大。做芯片投入都很大，怎么样节省成本很关键。首先是一次成功，这对节省时间和成本很重要；其次是你定义的芯片，要做到量产，而且得是市场所需的产品。然后人员配置要合理，大家做事的方式要一致，这个很重要。能人不少，但能人在一起能不能把事情做好，其实是值得考量的。大家各有各的做事方式，所以需要密切配合。我们在这个方面做得还可以。

周晓莺：现在黑芝麻智能在好几个地方展开了布局，这对平时的协同有影响吗？

单记章：不能说没有影响，不过团队分散各地有一个好处，就是我们可以根据不同地方的人才特点进行布局。比如，成都一直软件做得不错，所以我们的软件团队设在那里；深圳和上海做芯片一直做得挺好，所以我们在这两个地方分别做了布局；硅谷那边就做一些之前很重要的核心的东西。这几年，受疫情影响，大家被逼着远程交流，我们的团队正因为有这样较分散的特点，反倒提前规划了如何远程配合，所以疫情对我们的影响并不大。但考虑到多少还是有点影响，所以现在疫情过去了，我们会安排一些线下的交流机会，大家出差在一起工作。美国团队也已要求大家到办公室上班。远程交流有利有弊，关键在于怎么样把优势发挥出来。

周晓莺： 刚刚讲的"幸运的成分"我觉得很有感触。其实在 2016 年、2017 年，芯片在汽车供应链里还不是那么容易被看见，汽车企业也不太愿意或者说可能也没想过要用本土芯片。现在有了很大变化。

单记章： 这个变化已经非常大了。前面缺货的时候，大家都说 MCU、IGBT（绝缘栅双极型晶体管）功率芯片很重要，但是现在大家都在讲智能驾驶芯片、智能座舱芯片，所有汽车企业都在讲，而且供应商就这么几家。我相信后面机会不多了，资源基本被头部的几家拿到了，不管是钱还是人。同时汽车企业投入的精力也有限，不可能无限地投入，他们也要讲究回报。

周晓莺： 我们现在看车规芯片赛道，它的门槛很高，竞争也很激烈。

单记章： 竞争确实很激烈，不激烈是不可能的，蓝海一定会变成红海。但参与竞争的公司数量不一定剩那么多，因为做这种芯片太难了。现在美国能数出来的，基本上是英伟达、高通、TI 和 Mobileye，中国也就是黑芝麻智能等几家公司。做智能驾驶芯片不容易，大家并非看不到这个市场，看得到，只是已经错过最合适的时间了。但竞争一定会很激烈，有这么多大公司，黑芝麻智能只是一家初创公司，相比起来体量非常小，所以大家想办法把产品定义得更加合适。

周晓莺： 大家都在讲 2025 年是一个关键点。

单记章： 我们也这么认为，如果到 2025 年产品还没有上车，肯定就没戏了。首先，资本不会投你，那个时候再做智能驾驶芯片就太晚了；其次，汽车企业之所以给我们机会，是因为汽车行业的变革方向一下子变得太大了，所以我们才能有机会让汽车企业投入资源跟我们一起搞。再说市场方面，2025年市场格局基本成熟，虽然公司不多，刚才说的美国4家、中国2家，一共6家，再加上那些可能自研自用的OEM，就这么几家。进一步讲，汽车企业一下子支持三四家公司也有心无力，最终可能就2家。技术方面，2025年也是一个很重要的时间点，市场上这类规格的芯片慢慢发展起来，大家会发现用数据驱动算法，数据越来越多，驾驶的功能越来越成熟，用户的刚需可以真正得到满足。2025年左右，预计很多东西都会成为标配，高速NOA一定是标配了。

周晓莺： 这样算下来，接下来的一年时间应该是大家上量的关键窗口期。

单记章： 2024年是关键的一年，就看你的量能不能起来。

周晓莺： 这几年芯片领域除了因疫情等各种原因芯片短缺，导致大家关注度很高，还有一点是地缘政治的不确定性也导致芯片变成大家非常关注的一个领域。您觉得这对企业发展来说还会有风险吗？

单记章： 应该说风险和机遇并存。现在大家都在做本地供应链，不只是中国和美国，其实全球都在做自己的本地供应链。我们在中国市场有天然的优势，国内布局比较多，中国的发展速度也确实较全球更快一些。另外，国内汽车企业希望得到更好的支持，我们可以做到，如果只是国际化布局，不扎根本土，实际上是做不到的。不过，我们也想做一家国际化的公司，未来也会在别的地方布局，我们希望能适应每个本土市场。

周晓莺： 确实我们也看到了一个全球化发展的新机会。

单记章： 和以前不太一样，以前半导体产业讲究全球化布局，而不是区域化。现在一方面强调全球化，另一方面又要区域化，每个地方都在讲求本地化的供应链是否完善、是不是有足够的抗风险能力。

周晓莺：过去芯片产业链的全球化分工已经很明确、很稳定，但现在放到车里面来看，迭代的速度、生态体系建设的要求好像越来越高了。

单记章：芯片迭代肯定是快的。慢的时候，大家可能还在讨论到底是用GPU（图形处理单元），还是 FPGA（现场可编程门阵列），还是 ASIC（专用集成电路）。这其实不是问题，真正到量产阶段一定是 ASIC，因为既要做到成本极致，又要达到性能极致。基本上每次技术革命都是这个样子的，早期阶段大家没那么快，有人先做出来一个东西，甚至做出一个性能特别厉害的产品，大家先试，然后理解了是什么样子。比如现在大家讲自动驾驶 L 几级别的其实少了，更多是说城市 NOA、高速 NOA、行泊一体。大家理解到底要解决什么问题、针对应用需要哪些东西，想办法做迭代。量起来了，迭代自然会加快。

周晓莺：目前中国智能驾驶汽车的发展在全球相对领先。对本土芯片公司来讲，在这个领域的市场份额是不是还有增长空间？

单记章：其实我们已经看到这个信号了，我觉得会增长。主要还是看本地供应链的发展，大家怎么样可以把本地化做好。

周晓莺：关于商业战略、生态合作伙伴方面，您可以介绍一下吗？

单记章：我们和吉利的合作很紧密，第一款合作车型——领克 08 已经在2023 年 9 月上市。同时，和合创合作的一款 MPV 车型 V09 也已经上市。我们和东风的合作车型预计也会在 2023 年上市。接下来，一汽、江淮以及吉利的其他合作车型也将陆陆续续上市。基本上国内大部分主流汽车企业我们都有定点，还有一些我们需要保密的，后面也都会陆续上市。另外，我们也想突破，除了中国之外，我们已开始在海外布局，包括 A1000 和 C1200 家族已经开始和海外的一级供应商展开合作，同时，我们也在接触一些海外汽车企业。

CES 2024 黑芝麻智能展台

周晓莺：刚刚我们聊的智能驾驶，现在感觉慢慢成为新车标配了。新车发布没有智能驾驶，就好像没有卖点可言。对您来讲，这应该是一个特别好的消息吧？

单记章：在中国大家都是这种感觉，现在国外也开始了。以前国外说起电动汽车，大家都有点犹豫，美国的路上只有特斯拉。别的新车越来越少，特斯拉却越来越多，消费者没得选。慢慢地，大家被逼着开始做电动汽车，但是美国除了特斯拉的电动汽车有智能化功能，其他的几乎没有。

这次到欧洲开会，大家明显意识到电动化和智能化是不可避免的一个趋势了。所以在国外，我们也开始和大家交流，他们需要了解中国市场的情况，也需要了解我们的发展思路。这当然非常好，我们在硅谷设有团队，在新加坡也有，未来也准备到欧洲布局，我们希望成为一家国际化的公司。除了中国市场从 0 到 1 的第一步，后面我们也会把走向全球市场作为我们要实现的目标。

周晓莺：所以我看 2023 年你们参加了 IAA MOBILITY 2023，也是想寻求国际化发展吧？

单记章：智能化本身是一个大家都要用到的东西，全球也都意识到了这一点。虽然中国布局得稍早一点，但长期来看海外市场仍然很大，可能中国占1/3，海外占2/3。另外，半导体本身是一个重视"量"的市场。一颗芯片投入周期太长，资本支出也多，所以这个量需要很大。总体上我们会立足中国，面向全球，用全球的人才做全球市场。

周晓莺：资本化的路径能不能介绍一下？

单记章：黑芝麻智能是香港交易所（港交所）"18C[⊖]"的第一股，是第一家申报的公司，很有可能也是中国自动驾驶芯片的第一股。我们走得还算顺畅，实际上也和我们最初的规划以及运气有关。我们一步步按照自己的节奏在走，没有随着外界的变化而变化。在路演时，我们也谈了很多，之前因为疫情经济下行，加上地缘政治等各种原因，大家基本上不出来看项目，但现在我们出去得到的反应都非常热烈。

周晓莺：我们看到行业里出现了很多新人，年轻的面孔越来越多，从个人的职业发展角度，您有什么建议可以给这些年轻人？

单记章：首先是坚持，从我个人的经历来讲，坚持很重要，不要轻易放弃。以前在硅谷，很多人跳（槽）来跳去，这家公司工资高一点，就换这家公司，那家公司的产品令人兴奋，就换那家，但是到最后，至少我看到的，很多人都没有取得太高的成就。我比较简单，坚持了20年。其次是专注，就是别想太多，做事情还是得专注在一件事上，把它做好。如果是创业，可能还需要看得更全面一点，不要只是看到技术的东西，产品层面、市场层面、资本层面，需要看得更多、更全面一点。此外，还有信任。大家一定会有不同的观

⊖ 18C是香港交易所于2023年3月31日在《主板上市规则》中新增的一个条款，惠及特专科技企业，允许它们以更低的市值和研发开支比例申请上市。

点，每个人都是聪明人，有不同的观点，但我觉得互相信任特别关键，除了相信你自己很牛，也得相信你的伙伴也很厉害。

周晓莺： 如果有一个时间魔镜，让您有机会穿越到十年前，您会对十年前的自己说些什么？

单记章： 要是十年前，其实早点规划这件事可能会更好一点。我一直在讲我们可能稍微晚了一年，如果早一年，我们会做得更好。

周晓莺： 那试想十年后，您会对十年后的自己有什么期待，对黑芝麻智能有什么期待？

单记章： 现在显然是希望我们做成全球智能驾驶领域 TOP 公司，这是我们一贯不变的目标。

🌐 企业介绍 ● -

黑芝麻智能科技有限公司是领先的车规级智能汽车计算芯片及基于芯片的解决方案供应商。公司成立于 2016 年，从用于自动驾驶的华山系列高算力芯片开始，最近推出了武当系列跨域计算芯片，以满足对智能汽车先进功能的更多样化及复杂需求。公司自有的车规级产品及技术为智能汽车配备关键任务能力，包括自动驾驶、智能座舱、先进成像及互联等。通过由公司自行研发的 IP 核、算法和支持软件驱动的 SoC 和基于 SoC 的解决方案，提供全栈式自动驾驶能力以满足客户的广泛需求。

黑芝麻智能与东风集团、江汽集团、红旗、一汽集团、上汽集团、吉利集团、合创汽车、上汽通用五菱、博世、马瑞利、曹操出行、吉咖智能、保隆集团、经纬恒润、均联智行、所托瑞安等企业在 L2、L3 级 ADAS 和自动驾驶感知系统解决方案上开展了一系列商业合作；算法和图像处理等技术已在智能手机、智能汽车、智能家居等消费电子领域布局和商业落地。

中国将成空气悬架主要应用市场，
本土供应商有明显优势
——对话孔辉科技 郭川

伴随自主品牌市场份额的提升，自主零部件企业正迎来发展的黄金时代，有部分企业在已实现突破的赛道上加速国产替代，也有部分企业在过去未能实现替代的赛道上迎来了新的突破，孔辉科技就是一个很好的案例。在乘用车空气悬架领域，孔辉科技配套量正快速上涨，且已获得岚图、理想、极氪、比亚迪等诸多汽车品牌的空气悬架系统或空气弹簧总成定点资格。

作为该领域较有代表性的自主零部件企业，孔辉科技具体经历了怎样的发展历程？对当下的市场形势都有怎样的思考？未来又有怎样的规划和愿景？2022年2月，孔辉科技董事长、首席执行官郭川给予了详细解答。

⟶ 孔辉科技董事长、首席执行官郭川

 访谈实录

周晓莺：首先请郭总为我们简单介绍一下孔辉科技的基本情况。

郭川：孔辉科技于 2018 年 10 月在浙江湖州成立，前身可以追溯到 2007 年 6 月在长春成立的长春孔辉。长春孔辉由郭孔辉院士创办，主要做技术咨询，聚焦汽车平顺性和操控性，技术主线是整车动态力学。

2009—2010 年，我们陆续接到了一些整车企业电控悬架前瞻性开发项目，比如东风猛士、一汽红旗等，开始积累电控悬架相关算法，空气弹簧的设计匹配、开发能力，以及系统集成能力。但是曾经自主品牌并不像今天这样高端向上，售价并没有这么高，应用电控悬架的时机还没有到，所以那时候我们创业的逻辑还不存在。

而在 2015—2016 年，我们了解到，国内的蔚来汽车、红旗已经开始跟国外供应商谈后续量产车的配套开发，我们就隐隐约约感觉到，自主品牌高端向上的时机来临了，我们要做二次创业的准备了。直到 2018 年，我们确定要从东北走出来，重新建立一个平台进行二次创业，最后终于在 2018 年 10 月成立了孔辉科技。

而后在 2019 年春节，我们接触到了现在的岚图汽车，那时候还被称为东风汽车 h 事业部，他们定位在高端新能源车型，很需要空气悬架配置。后来经过几轮交流，在 2019 年 6 月启动了该项目，然后经过整整两年，在 2021 年 6 月实现了空气悬架系统的量产（岚图 FREE 上市交付是 8 月，我们交付零部件是在 6 月）。中间经过了很多困难，交了很多轮样件，最后达成了量产交付，到今天，我们已经累计交付了 1 万台套的空气悬架系统。

孔辉科技第 1 万台套空气悬架系统量产交付仪式现场

周晓莺：提到空气悬架，我们原本的认知是，在高端车型里，它是一个很核心的卖点。那么从消费者的角度来说，怎么去感知空气悬架带来的体验？

郭川：从个人消费者的角度来看，主要有两大方面。

一是功能方面。装了空气悬架的车型，首先能升高、能降低（车身）。我们可以人为来控制，也就是说驾驶员就可以控制，例如切换成越野模式，车身就会升高；切换成运动模式，车身就会降下来。当然也可以自动控制，举例来说，当车速达到 110 千米／时以上时，车身的高度就自动降下来，这是为了减少风阻，能够节能；相反，当车速低到一定程度时，因为路面有可能是崎岖的，可能会刮到底盘，因此不允许车身在最低的位置，这时候车身就会自动升高到一定高度。另外还有便捷上下车功能，例如当我们打开车门时，它就会把车身降下来，方便老人和小孩上下车，这是通过空气悬架来实现的功能。

二是性能方面。空气悬架能给车辆提供比较软的刚度，而且空气悬架的刚度曲线是可以设计的，这一点特别适合电动汽车。我们知道，同等尺寸、同等量级的电动乘用车要比燃油乘用车重 600 千克到 1 吨。所以在新能源汽车上，传统螺旋弹簧的局限性就暴露出来了，因为车的簧上质量变重，相当于压缩了原来弹簧的行程，而行程变小之后，一旦路面有起伏就很容易冲击到驾驶舱，如果将螺旋弹簧的刚度调高也会造成冲击。从这一点来看，空气悬架更适合电动汽车。

周晓莺： 所以新能源汽车市场的爆发其实是一个很好的契机。

郭川： 是的。

周晓莺： 我们看 2021 年整个中国汽车市场的数据，新能源汽车市场的表现特别抢眼，而在背后其实也面临着例如芯片短缺、原材料涨价等很多困难。您怎么看待新能源汽车市场的增长态势？对于今年这一市场表现有怎样的预测？

郭川： 从相关机构的数据来看，单月产出的新能源乘用车渗透率已经接近 20%，这还是在芯片短缺的情况下。我们可以想象一下，如果芯片不短缺，渗透率是不是会突破 20% 呢？这个势头还是非常猛的。那么，为什么会形成这样的发展态势？

首先，这跟国家早期鼓励新能源汽车发展的一些战略部署，包括补贴政策、大中城市行驶不限号等是息息相关的。可以说，现在这些表现都得益于之前的铺垫。

另外，现在很多汽车企业，尤其像"蔚小理"[⊖]这样的新势力汽车企业，它们瞄准的车型都是品质电动汽车或者说智能电动汽车，我个人喜欢用品质这个词。品质电动汽车是非常受年轻一代消费者欢迎的，可能更多年轻人愿意给品质电动汽车一个新的内涵，甚至将其定义为有别于原来传统燃油汽车的一个

⊖ "蔚小理"是蔚来汽车、小鹏汽车和理想汽车的统称。

新物种。

同时，新能源汽车时代的来临，让自主品牌也可以高端向上，因为没有发动机、变速器的这种技术壁垒，更容易发展起来。

周晓莺：确实，在新能源汽车市场，特别是纯电动汽车领域，自主品牌的份额在节节攀升，而且它的售价也远高于燃油汽车时代自主品牌可以攀到的峰点，这对于空气悬架的应用以及自主供应商的发展想必也是一个很好的契机。

郭川：是的。车的售价越高，越有空间去搭载一些高成本的配置。

周晓莺：按照这样的趋势，您觉得空气悬架市场什么时候会有一个真正的爆发期？

郭川：这要看怎么定义爆发。

如果从孔辉科技的供货情况来看，2022 年我们的供货数量将达到 6 万 ~7 万台套，另外，按照我们现在拿到的定点以及在开发的项目推算，2023 年我们的供货数量将达到 40 万台套。

个人认为，按照现在所产出的电动乘用车的渗透率，到 2025 年至少会有 300 万辆新车配置空气悬架，届时，电动乘用车占整个乘用车产出的渗透率也许会达到 40%~50%，我对这件事还是相当乐观的。

周晓莺：在这背后，空气悬架的价格其实已经下探了？

郭川：是的。其实从全球范围来讲，东风岚图的车型是首次把空气悬架车型的价位拉到了 30 万 ~35 万元这个区间。岚图开始推出来的是选配，但实际情况是有 96%~98% 的车主都选择高配，其结果实际上已经算是标配，当然这个选装包里面不止空气悬架。从这一点我们可以看到，比较近期的一个目标是，25 万 ~30 万元的车型可能要逐步开始选配空气悬架。

孔辉科技空气悬架系统部件

周晓莺：空气悬架领域原来一直是外资企业在主导，本土企业进入应该还是蛮有挑战的。

郭川：是的，原来没有本土企业做乘用车的空气悬架。

在自主品牌还没有走向高端时，乘用车的空气悬架主要是应用在 BBA [⊖] 旗下 60 万元以上、80 万元以上甚至上百万元的高端车型上。国际上，这一类车的总量不能说很多，这个盘子不是那么大，所以你会看到，国际上的供应商企业就那么几家。

但是随着国内新能源汽车的蓬勃发展，自主品牌可以高位向上，更多地应用空气悬架，中国将逐步变成空气悬架的主要应用市场。而当中国的高端品质电动汽车发展速度太快时，国外的供应商来不及反应，这方面的供货资源就非常紧张。打个比方，国外乘用车空气悬架的供货资源可能 80% 服务于欧美市场，20% 留给中国，但随着国内电动汽车的发展，现在恰恰 80% 的需求在中

⊖ BBA 指梅赛德斯 - 奔驰、宝马和奥迪。

国，20%在欧美，这就使得供货资源显得非常稀缺。

周晓莺：刚刚您提到的一点很重要，现在自主品牌在电动汽车领域的迭代速度特别快，这反过来是不是也要求核心零部件供应商的响应速度、服务速度也要非常快？

郭川：是的。这也是国外供应商有点力不从心的一些方面。回顾我们给岚图以及其他整车厂做的项目，周期长的大概是24个月，短的可能在18个月左右。国外整车厂一般是要有3年左右的开发周期，我们控制在2年以内。

周晓莺：我相信质量是不能打折扣的，那么这个时间是怎么去缩短的？

郭川：空气悬架系统的供货，首先是要开发，它有很多适配性的工作要去做，而国外供应商的开发团队在国外，大家沟通的效率相对要低一些；另外，国外供应商诸如放假等习惯也与国内不同，这些都会相应拖慢进度。当然，根本上还是他们开发资源稀缺，可能他们正在给BBA做很多项目，那么就没有多少工程师资源给国内的项目，这自然会拖慢进度。

周晓莺：对于我们本土企业来说，这确实是一个很好的机会，因为我们能够进行本地化的支持。

郭川：是的。甲乙方都在本地，这样沟通效率很高。

周晓莺：我们看到，1月18日孔辉科技第1万台套空气悬架产品正式量产交付，回顾这个过程是不是比较艰难？

郭川：是的。虽说在长春总部的阶段，我们在整车动态力学以及在前瞻性的电控悬架方向有很多积累，但是毕竟曾经没有做过产业化的业务，很多东西需要我们团队去学习。我们从一开始也认识到自己很多的短板，比如说生产过程控制、质量体系等，甚至一开始的时候，我们的组织机构都是不完整的，我们是真正从零开始一点点摸索过来的。在这个过程中，非常感谢岚图团队给我们机会以及信任。

周晓莺：岚图 FREE 其实是孔辉科技空气悬架正式装车的第一款车型？

郭川：是的。它也是国内第一款应用国产空气悬架系统的乘用车车型，因为在此之前还没有哪款乘用车车型应用了国产的空气悬架系统。

周晓莺：孔辉科技应该也是国内首家乘用车电控悬架系统总成的供应商？

郭川：没错。我们给岚图 FREE 这款车开发的就是整个空气悬架系统，供应的也是整个空气悬架系统。当然，并不是这里面所有的子部件都是我们自己生产的，但是在开发阶段，我们是把所有系统集成起来进行联调、标定等。

周晓莺：中间的核心部件都是孔辉科技自己生产的吗？

郭川：不是全部。控制器方面，因为我们有十几年的算法积累，所以是我们自己生产的，空气弹簧的设计开发也是我们自己负责的。乘用车的空气弹簧是需要最多适配性工作的一个部件，它也是直接影响悬架性能的零部件。

周晓莺：做总成其实要有非常强的系统能力，这是孔辉科技的强项吗？

郭川：是的。十几年前我们的前瞻性开发项目做的就是这些，这些年也没有停，一直积累到现在。

周晓莺：您刚刚提到孔辉科技的产品中有控制器等，那么 2021 年的芯片短缺对公司有怎样的影响？

郭川：芯片短缺的影响其实是全行业的，孔辉科技当然也不例外，我们的供应链团队确实也背负着很大的压力，多渠道地来完成采购。

周晓莺：接下来请郭总分享一下孔辉科技空气悬架系统整车配套的一些进

展，前面已经提到岚图 FREE，其他相关进展是否方便透露？

郭川：在岚图，我们拿到了三个定点函，其中第一个就是岚图 FREE，后面还有岚图梦想家。算上岚图，我们现在一共在 6 家汽车企业拿到了定点函，其他的由于有协议我们不方便透露，另外，我们很有可能在春节前再拿到几家汽车企业的定点。

周晓莺：2022 年孔辉科技空气悬架系统的销量预计将有大幅提升，其实后面是有这些汽车企业的订单在做依托的。

郭川：是的。拿到定点之后，我们推算它的开发周期，就比较容易算出它的量产时间，这样按照它过往类似车型的销量，我们就能推断出我们的供货量。

周晓莺：我们看到，孔辉科技已经经历了从 0 到 1、从 1 到 1 万这个过程，如果再继续上量，反过来对于工厂管理运营的效率以及整个体系的能力要求也会有新的提升。郭总能否分享下孔辉科技为此所做的一些准备？

郭川：孔辉科技是由一家技术公司转变过来的。我们也知道，从我们的出身来讲，要成为生产型企业、成为创新型的汽车零部件企业，可能会有一些短板，例如前面提到的生产过程管理、质量控制，后面还有售后服务，甚至包括营销等方面，这些年我们一直努力在填补这些短板，目前已今非昔比。

周晓莺：作为一家科技实业公司，除了实际的量产项目之外，孔辉科技肯定也会做一些技术储备和预研，这方面的进展能否分享一下？

郭川：这个问题涉及公司机密，我不能说得太细。只能说我们会不断重复当年给主机厂做前瞻性电控悬架开发项目的发展历史，要提前做储备，然后做产品方案。新一代的产品会有更好的性能，然后也能帮助主机厂来降低成本，这是我们的主要目的。

周晓莺：孔辉科技有国际化的规划吗？

郭川：谈不上清晰的规划，但是确实在接触合资企业甚至外资企业的车型。当然，我觉得饭要一口一口吃，现在主要服务自主品牌，毕竟这里面已经有很多机会了。

周晓莺：并且新玩家还在不断地进来。

郭川：是的。大家都看到这个市场是一个有潜力的市场，进来也很正常。我觉得，有竞争是好事情，会鞭策你不断地进步。

周晓莺：刚刚提到，有越来越多的新的汽车企业、新的势力加入进来，那么回到空气悬架这个领域，您觉得未来的竞争态势会有怎样的变化？

郭川：会越来越激烈。

周晓莺：那么孔辉科技的优势主要体现在哪？

郭川：一方面，我们是一家专注在这个领域的公司，我们有很高的专注度；另一方面，从基因上来讲，我们是做悬架的，或者说是做平顺性、操控性的，只不过原来我们是技术咨询公司，现在是产业化公司，我们前期积累的时间比较长，我们认为在这方面我们是国内供应商中积累时间最长的公司；此外，从推出产业化产品的维度来说，我们也是国内第一家空气悬架系统供应商，而且现在达到了 1 万台套的交付量，而就在此时此刻，其实还没有第二家推出量产产品。

可以说，我们抢了先机。我们要充分发挥好我们的先发优势，比如我们市场占有率大、产品多，后续我们可能会形成产品的系列化，保证很高的零部件的通用性，然后降低成本，提高可靠性。

周晓莺：其实可以看到，这几年中国本土企业开启了一波新的科技创新、实业振兴产业的浪潮，而孔辉科技也是当中的翘楚。从您的角度来看，您希望大家提起孔辉科技时能够有怎样的认知？

郭川：我希望，若干年后大家一提到孔辉科技，就会想到这是做空气悬架或者是做悬架国内的"NO.1"，或者是跟非常好的汽车舒适性和操控性强相关的一个品牌。

 企业介绍

孔辉科技，拟上市公司，由中国工程院首批院士、汽车行业首位院士郭孔辉和郭川先生联合创办，是国内首家实现乘用车空气悬架系统前装量产供货的企业，目前获多家汽车企业订单，国内乘用车空气弹簧市场占有率已稳居第一。

孔辉科技在苏州设研发总院，在湖州、重庆设有生产基地。孔辉科技已获国家级高新技术企业、浙江省级研发中心、国家级专精特新"小巨人"企业资质。公司研发生产的"乘用车电控悬架（双腔结构）系统总成"被认定为2022年度国内首台（套）产品。目前拥有发明专利123项，员工人数700人。

逐鹿汽车「芯」赛道，性价比至关重要

——对话芯擎科技 汪凯

开篇导语

在智能化和网联化大潮推进下，汽车正逐渐演变为继个人计算机（PC）、手机之后新的智能移动终端，在功能上覆盖了智能驾驶，以及音视频、社交、游戏等多维度的智能座舱应用。而这些功能实现的一个最基本要求是，必须有一款强大的芯片作为支撑，这也是芯擎科技创立的初衷。

入局车规级芯片数载，芯擎科技整体发展如何？除了已经量产的智能座舱芯片，面向车载场景，芯擎还布局了哪些产品？接下来，智能电动汽车的快速发展对车规级芯片是否会提出更多新的功能诉求？2023 年 7 月，芯擎科技创始人、董事兼首席执行官汪凯博士对上述问题给予了详细解答。

—↘ 周晓莺与芯擎科技创始人、董事兼首席执行官汪凯博士

访谈实录

周晓莺：自 2018 年成立，芯擎在车规级芯片领域已经布局多年，包括您本人在芯片领域也有丰富的经验，回看过去几年，您觉得智能汽车行业以及公司的发展和您当初的预期一致吗？

汪凯：我觉得跟预想差不多，但这里面也有一些没有预料到的事情，比如疫情。

我们团队真正开始产品研发是在 2019 年 4 月，初期一切都非常顺利。通过比较市场上各种不同的智能座舱芯片方案，包括不同的工艺，我们最终决定对标高通的芯片。因为当时高通 8155 刚刚发布，我们的想法是，如果要做芯片，肯定要做最好的芯片，那就必须对标 8155，所以当时在工艺上就选了 7 纳米制程。不仅如此，在性能上我们还针对高通 8155 不能解决的痛点做了很多优化。

但没有预料到的是，2020 年初疫情开始爆发，当时我们已经在北京、上海还有武汉组建了团队。幸运的是，我们公司的 IT 技术支持做得非常不错，所以从 2020 年到 2022 年，虽然有疫情，但我们的工作从来没有中断过，并且在 2022 年成功实现了量产。值得一提的是，在过去这么多年中，我们也是国内第一家真正做出 7 纳米制程车规级量产芯片的公司。

周晓莺：相当于一家创业型公司刚开始要大干一场的时候，突然遭遇了很多外部环境带来的不确定性，但大家还是通过协作很好地克服了这个困难，并且做出了比较好的成绩。

汪凯：对，其实我们也预料过会遇到很多困难。做芯片研发、做一款好的产品一定会遇到很多挑战，比如可能会有来自资金、市场等的困难，但是这种大自然带来的困难是我们意料之外的。令人欣慰的是，当时不管碰到什么困难，大家都坚持下来了。

周晓莺：您怎么理解智能汽车对于车规级芯片的需求，其迭代要求有什么不同？

汪凯：之前汽车上其实没有智能座舱概念，车内只有机械式表盘。即便是后来所谓的智能化，也不过是增加了收音机或者 CD 播放器。但随着时间的推移，用户的要求变得越来越高，驱动机械表盘变成数字表盘，屏幕越来越大，并且增加了很多应用，比如导航、信息娱乐、视频通话、游戏等，这些功能的出现，最基本的要求就是必须有一颗性能优异的芯片来支撑。

在智能化初期，有一个问题很突出，就是很多汽车上虽然已经有前装导航，但是大家还是习惯用手机导航。为什么？因为手机导航比车载导航更流畅，能更及时地反映路况。而造成这一差距最直接的原因，就是汽车芯片性能不如手机芯片强大。因此，想要让汽车更加智能化，人机交互更加平滑，必须让汽车芯片的算力至少达到手机芯片算力的水平。

周晓莺：所以这对算力有了更高的要求。

汪凯：对，除了对 CPU（中央处理器）的高算力要求，对 GPU 的算力也有更高的要求，比如玩游戏或者看视频的时候，有很多 3D 渲染的场景，这需要很强大的 GPU。另外，智能汽车对安全也提出了更高的要求，很多辅助驾驶功能被引入车内，这对芯片的要求进一步提升。

周晓莺：就是从驾乘的安全性、娱乐性和舒适度上，如果要达到更高阶的智能化体验，对芯片的要求是完全不同的？

汪凯：没错，而且这些要求传统制程满足不了，否则在功耗、性能还有集成化等方面，将难以适应智能汽车的发展需求。

芯擎科技"龍鷹一号"芯片

周晓莺：能否具体谈谈对于芯片产品的规划您是怎么考虑的？每个阶段都有哪些重点？

汪凯：在公司创立之初，我们就希望给国内整车厂带来全新的选择。这个选择包括几个方面，整体来看就是从高算力的智能座舱芯片开始，到舱泊一体，再到舱驾一体，最终助力行业实现真正的自动驾驶。

所以在最初做产品规划时，我们选择对标当时国际上最好的智能座舱芯片。我的理念是，最好的汽车一定要用最好的芯片，如果没有好的芯片，就不可能用最好的性能来满足用户的需求。并且从一开始，我们瞄准的就不仅仅是为整车厂提供一种选择，而是能提供更好的选择。

具体到产品方面，我们第一个推出的是 7 纳米制程的智能座舱芯片。在这款芯片上，我们加入了很多传统手机芯片不具备的设计，比如虚拟化、安全岛、数字加密，另外还使用了 DDR5 内存，以更好地发挥芯片性能。同时，我们还增加了很多在当时看来可能有些多余的设计，比如 NPU（神经网络处理器），这个可以支持用单颗芯片实现舱泊一体。

在此基础上，我们还规划了自动驾驶芯片，这款芯片将在 2024 年流片，未来基本上能覆盖目前市场上最好的自动驾驶平台。

周晓莺：所以在产品选择上，芯擎一开始就瞄准对标市场上最好的产品。这对于一家创业公司而言，对资源禀赋的要求会不会很高？

汪凯：是的，俗话说"没有金刚钻，别揽瓷器活"。我们因为之前就具备做大服务器芯片的能力，对芯片的大算力、安全性和可靠性等都有非常好的了解，所以才能够一次就流片成功，快速实现量产。

周晓莺：所以当时做"龍鹰一号"的时候，结合汽车行业特点做了很多场景化的考虑？

汪凯：是的，因为我们对标的产品是从手机行业延伸过来的，因此不可避免地会具备一些手机应用的特点，比如支持单屏、单操作系统，没有安全岛概念，也没有加密。

我们的"龍鹰一号"能够结合车载场景进行很多功能优化，很大程度上得益于和股东以及客户的不断碰撞。比如在我们的投资阵容里面，有吉利、一汽、中芯聚源、博世、东软等，在和他们交流的过程中，我们对车载芯片的功能诉求，尤其价格要求有了更好的理解。如此一来，在定义芯片功能的时候，可以更好地预判后面两年甚至五年的事情。

周晓莺：这就是常说的，如果专注在一个行业里面，对行业发展的预判能够更好地反哺到产品设计和研发上？

汪凯：是的，因为一款汽车芯片从研发到投入应用至少有 2~5 年的周期，这意味着在研发的时候，一定要考虑到芯片未来两年甚至五年所需要具备的功能，这样做出来的芯片才能够更有效地服务市场。

周晓莺："龍鹰一号"是有什么表征吗？

汪凯：有的，有句话叫"龙腾四海，鹰击长空"，我们希望"龍鹰一号"同时具备龙和鹰的特点，不仅能在国内市场赢得一片天地，也能在国际市场占据一席之地，走得更高更远。

周晓莺：应该说在起跑线上这款芯片已经领先了，能不能分享一下市场化方面的进展？

汪凯：我们的"龍鹰一号"作为国内第一颗 7 纳米制程车规级芯片，目前来看市场接受度非常不错。

伴随着芯片国产化的推进，希望我们的芯片能够给客户更好的选择。因为从长远来看，任何一家汽车企业都需要更好的可替代的选择，不同的供应商能够提供更多元化的解决方案。我们正好在这个时候推出了"龍鹰一号"，跟包括吉利、一汽等整车厂，以及伟世通、北斗、东软等 Tier 1（一级供应商）都有非常紧密的合作。

周晓莺：过去一段时间，其实国际大厂也在不断推出新产品，咱们的空间会被挤压吗？或者说，从竞争力来看，您觉得芯擎的优势主要体现在哪些方面？

汪凯：芯擎作为一家初创公司，首先要做的是推进现有智能座舱芯片在市场上的广泛应用。在此基础上，我们发现，当前很多客户其实并不是一味地追求高性能芯片，反而性价比特别重要，需要芯片能实现更多的功能，同时价格更优惠。

芯擎这个时候推出"龍鹰一号"，恰逢其时。在应用上，"龍鹰一号"除了可以同时支持 7 个屏幕，包括仪表板、中控屏、前排乘客屏等，很重要的一点是把泊车功能，比如 APA（自动泊车辅助），以及 OMS（乘客监控系统）、

DMS（驾驶员监测系统）等功能的控制全部集成在一块芯片上，能够给客户带来更好的性能和体验，同时成本更低，这方面目前还没看到有竞争对手对我们构成挤压。

而从长远来看，确实有竞争对手推出了更好但也更贵的芯片，不过并没有引起很大的市场反响，为什么？因为市场上高端车型毕竟占少数，可能只有20%左右，80%都是中低端车型，这对我们来讲是一个巨大的市场，哪怕只占据其中的一半，也有40%~50%的市场份额。

值得一提的是，我们在设计"龍鹰一号"的时候，做了一个按当前来看非常正确的方案，就是级联。两颗"龍鹰一号"芯片通过级联，可以实现性能翻倍，CPU算力达到200KDMIPS[⊖]，GPU达1800GFLOPS[⊜]，NPU达到16TOPS[⊜]，从而实现与竞争对手下一代产品可以抗衡的性能。

周晓莺： 您刚才讲了一个很重要的点，就是消费者或汽车企业想要的其实并不是最贵、最先进的产品，适合才好。这几年我们看到智能汽车领域各种装备竞赛，2023年很明显进入了白热化状态，大家更加关注产品的性价比。

汪凯： 我们也注意到了这一点，对于汽车芯片而言，在接下来的发展中，我们认为最基本的要求还是算力。高算力是一定需要的，因为对汽车企业而言，肯定不希望消费者一上车就打开手机，而希望消费者能更多地使用车机功能。对于算力，我们认为7纳米制程芯片基本能满足现在到未来2~5年的要求，并且我们还支持通过级联方式实现更高的性能。

现在客户都希望能达到预期的功能，并进行一定的算力预埋，同时又不会过度设计。因为芯片上车以后不会马上就更换，至少会有5年的周期，并且现

⊖ DMIPS是CPU运行Dhrystone（整数运算）测试程序时每秒执行百万条指令数，1KDMIPS=10^3DMIPS。

⊜ FLOPS是每秒浮点运算次数，1GFLOPS=10^9FLOPS。

⊜ TOPS是每秒进行万亿次操作数。

在汽车也可以 OTA，因此，在设计的时候一定要考虑到这部分的算力需求。

周晓莺：接下来智能座舱对芯片的需求，还会有哪些变化呢？

汪凯：未来智能座舱不会仅仅聚焦舱内应用，可能还会把智能泊车、疲劳监测或者其他一些 L1、L2 级辅助驾驶功能包含进去，现在依靠单颗"龍鹰一号"已经可以实现这些应用。进一步往下发展，智能座舱可能还会与高速 NOA 融合，因为随着法规的不断成熟，高速 NOA 会越来越多，并且还会向城市 NOA 拓展。

对此，在"龍鹰一号"之外，我们还会设计进阶产品，以及自动驾驶芯片，从而把更多的市场需求考虑进去，同时建立更好的生态体系。因为芯片不可能独立存在，必须跟生态伙伴一起开拓更多的应用。

周晓莺：芯片不是个单点，而是需要基于芯片底座包含更多的生态应用。

汪凯：对，只有当用户能在车内完美地看视频、玩游戏的时候，才能真正让人机交互更加丰富和流畅，座舱体验才会更加卓越。

周晓莺：所以除了智能座舱芯片之外，芯擎还有自动驾驶芯片方面的产品规划？

汪凯：我们的智能座舱芯片已经量产，下一代产品正在开发当中。此外，我们还在研发自动驾驶芯片 AD1000，计划于 2024 年流片。这款芯片出来以后，我们相信也能直接跟国际大厂对标，因为我们有之前智能座舱芯片的基础，在芯片架构、IP 等方面都有进一步的优化。

周晓莺：现在看智能汽车的发展，都在谈从分布式走向集中式，这使得自动驾驶跟智能座舱会慢慢地汇集在一起，这些变化会影响我们两条产品线的规划吗？

汪凯：未来自动驾驶跟智能座舱确实会有一个融合的过程，基于此，我们的第二代平台会把智能座舱和 L1、L2 级别的辅助驾驶融合在一起，也就是舱泊一体。再往下走，我们会进一步加上"行"相关的应用，比如高速 NOA，以及融合城市 NOA 功能。

但在刚开始，我们认为智能驾驶和智能座舱还是会有各自不同的方案，并且都可以用"龍鷹一号"来解决。在此基础上进一步发展，得益于自动驾驶的实现，汽车将不仅仅是一个出行工具，而是变成移动的第三空间，这时候，芯片需要具备更强的处理能力，可以同时解决智能座舱、自动驾驶等需求。到了这个阶段，芯片可能会往 5 纳米甚至更高制程发展。

周晓莺：任何产业都有窗口期，您觉得对于车规级芯片来说，会有窗口期这种说法吗？

汪凯：我觉得有。芯片的窗口期是什么？是定义能不能满足市场需求。芯片研发如果只关注眼前的需求，一定会丢掉市场。为什么？因为对车规级芯片而言，尤其是大算力芯片，从设计到出工程样片，再到量产，最快也需要 3 年多的时间。所以在芯片研发过程中，一定要能够预测到未来 3 年甚至 5 年的市场需求，再来决定怎么做。

另外，在我们的产品规划中，除了前面提到的智能座舱、自动驾驶，还包括智能网关、域控制器等，因为只有这样才能给汽车企业交出完整的解决方案。

周晓莺：现在确实是这样的，各种技术百花齐放，这使得要预判未来 3 年的规划其实很难。

汪凯：对的。初创公司跟成熟公司的差别在于，初创公司不允许做错产品，因为可能只有一个产品。而成熟公司，包容度比初创公司强很多，即使做错了一个，可能还有其他产品。

所以对于初创公司而言，首先一定要去看竞争对手，尤其是成熟公司在这个阶段的产品规划，因为他们在立项之前，很可能做了详细的市场调查。对我们来说也是这样，一定要去看大公司日前最优秀的产品是什么，接下来有什么规划，要选取一个好的参照点，再来看我们可以做什么，这样才会赢得机会。

周晓莺：相当于要做好选择，然后把有限的资源在单点上做到极致，才有可能扎进行业。

汪凯：是的，我们一定要去做这个市场需要的产品。但这并不是一件容易的事，需要深入挖掘市场的痛点，除此之外，还要尽量比竞争对手做得更好，这样客户才会更容易接受。

周晓莺：这其实也是在构建企业的护城河，能否具体谈谈芯擎的护城河是什么？

汪凯：对于创业者或者企业的经营者，要想做一家成功的公司，我觉得必须考虑几个问题：公司的主攻方向是什么？客户为什么要买我们的产品？这个产品的周期有多长？

在此基础上，一定要充分利用现有团队的能力，包括对大芯片、服务器、高算力芯片、汽车安全等的理解，因为这些都是很难得的资源。如果能充分利用这些资源，一定会构筑起一条很好的护城河。

周晓莺：人是最重要的资产，因为芯片是一个资金和技术极度密集的产业，要保持竞争力对团队的要求会很高。

汪凯：是的，对于一家公司来讲，最核心的价值一定是人才，尤其是芯片研发，所有价值都是通过人才产生的，对于高算力的汽车芯片更是如此。所以我们在组建团队的过程中，一个很重要的原则是宁缺毋滥。

周晓莺：芯片行业还有一个比较大的特点是，对资金体量要求很高，能不能分享一下芯擎的融资情况和以后的规划？

汪凯：我认为初创公司有三点非常重要，第一，人才；第二，产品和市场；第三，资金。其中无论人才的获取还是研发出好的产品，都离不开资金的支持。

但另一方面，要想获得资金，首先也必须拥有优秀的人才，做出好的产品，这样面对投资者时才更有信心。所以非常感谢我们的投资者和股东，感谢他们看到了芯擎的创始团队和价值，我们也希望能做出更好的成绩回报投资者。

同时，也很幸运有吉利作为初期的基石客户，以及武汉经济技术开发区给予的资金支持，还有一汽作为战略投资股东给我们的加持和肯定。芯擎的其他投资方还包括红杉中国、中芯聚源、东软、博世、国盛、越秀、泰达科投、海尔资本等，以及我们的发起股东之一——安谋科技，大家从 IP、客户和市场，从 Tier 1 到整车厂，形成了一个非常好的闭环，使得我们后面所走的每一步，从芯片设计到点亮，再到试产和量产，到最后交付给客户，都可以很快得到反馈和实现。

> 编者按：采访后不久，芯擎科技对外宣布获得数亿元 B 轮融资，由国调二期协同发展基金领投、基石资本等跟投。

周晓莺：经历了前两年的创业热之后，自 2022 年开始，芯片融资骤然遇冷，有大厂甚至直接解散芯片团队，这是不是表明芯片初创赛道的泡沫正在破灭，进入第一阶段的淘汰赛？可持续性是否也分产业？

汪凯：我觉得有产业之分，芯片按大的类别可以分为通信类、汽车工业类和消费电子类，这些细分领域各有各的特点。比如消费电子的生命周期比较短，汽车芯片周期会相对长一点，要求也更高。

所以在选择赛道前，一定要仔细评估，不是看市场规模有多大，而是自己能获得多少份额，多久能做成，竞争对手都有谁，能不能实现超越，是否有足够的资金和资源。否则，对于小的初创公司，有可能做到一半突然发现没资金了，或者产品落后于市场，这个时候等待的一定是结束。

周晓莺：这其实是一个比较复杂的命题，先要谋定而后动，一旦动了就要快，天下武功唯快不破。然后对于芯片，这几年大家经常讲"卡脖子"，能不能讲讲这一概念具体指什么？

汪凯："卡脖子"简单来说就是别人有你没有，从整个芯片产业链来看，"卡脖子"的环节很多，比如 GPU、CPU、服务器芯片、存储芯片等，都存在"卡脖子"问题。

芯擎很幸运，在智能座舱芯片方面，能够对标国际市场上最先进的产品，给整车厂提供一个新的选择。但在其他很多领域，比如高端 MCU（微控制单元）、域控制器芯片、第三代半导体材料、模拟器件等方面，国内仍然存在很大的差距。

不过，任何事情都有一个发展过程，我相信只要大家一步一步坚定地往前走，一定会有机会的。

周晓莺："龍鹰一号"的成功量产，其实也是一个很好的案例，证明我们是可以的。

汪凯：我一直相信，只要坚持下去，不断发挥自己的创造力，是能够达到预期效果的。通过"龍鹰一号"的量产上车，我们确实证明很多事情自己能做到。当然这里面很关键的一点，是要把基本功练好，先谋而后动。

周晓莺：长远来看，一家创业型芯片公司要想实现持续健康发展，甚至闯入决赛，您觉得应该具备哪些核心要素?

汪凯：第一，人才储备很重要。初创公司要想持续发展，首先离不开优秀的人才，尤其是在公司刚起步的时候，很多问题需要人才去解决。之后，随着公司慢慢发展，陆续推出量产产品，同样需要不断引进优秀的人才。

第二，要有好的市场。因为芯片是有"保鲜期"的，芯片公司要想持续满足市场需求，一定要深度挖掘市场的真正需求，不断研发新的产品。

第三，要有持续不断的资金投入。这不仅仅指融资、通过IPO（首次公开募股）进入更广阔的市场，还包括"自造血"能力，不断把好的产品交给客户，通过销售实现盈利。

像博通、高通、英伟达、TI、飞思卡尔等知名的芯片公司，刚开始都是从单一产品着手，然后不断拓展市场。现在，这些公司的产值都在百亿美元以上，英伟达的市值甚至达到了万亿美元。这其实也给我们指出了方向，就是一开始可以从小做起，但最终一定要往更大的市场去拓展，找准自己的目标，然后想办法完成这些看起来不太可能的任务。

我经常跟大家强调，做任何事情一定要专注，小公司尤其如此，因为不可能什么事情都做，所以专注非常重要。另外效率也很重要，如果不考虑效率，也很难成功。除了这两点，还要把时间考虑进来，只有这些条件都满足才有机会。

周晓莺：刚刚在您办公室，我看到后面那个题字写着"海纳百川，有容乃大；壁立千仞，无欲则刚。"您是特别喜欢这句话吗?

汪凯：对，特别喜欢。我觉得无论初创公司还是大公司，因为每个人都有自己的诉求和想法，所以，作为领导者，只有足够包容，大家才能朝着一个方向前进。不仅如此，身为领导者，还应该把自己的利益往后放，把团体、公司的利益摆在第一位，做任何事情无愧于自己、无愧于团队，才会有更多人愿意跟你一起去做想做的事情。

周晓莺：对于芯擎接下来的发展和战略方向，您是怎么考虑的？

汪凯：我觉得首先一定要脚踏实地，我们第一款产品已经量产了，现在要做的是把这款产品快速推向市场，并在此基础上不断增加它的价值。

而长远来看，我们还需要不断推出更多好的产品，比如自动驾驶芯片，不断丰富我们的产品矩阵，以支持客户和市场实现更多、更丰富的场景应用。

企业介绍

　　湖北芯擎科技有限公司于 2018 年在武汉经济技术开发区成立，在武汉、北京、上海、重庆、深圳和沈阳设有研发和销售分支机构，专注于设计、开发并销售先进的汽车电子芯片，以"让每个人都能享受驾驶的乐趣"为发展使命，致力于成为世界领先的汽车电子芯片整体方案提供商。

　　芯擎科技拥有兼具高端服务器芯片和传统汽车芯片开发经验和量产案例的团队，能完整提供从传统汽车电子架构到下一代智能网联汽车电子架构中的全部核心处理器芯片。围绕汽车下一代电子电气架构所需的核心芯片，芯擎科技的产品布局覆盖了智能汽车应用全场景，包括下一代智能座舱芯片、高阶自动驾驶芯片、高阶网关芯片和车载中央处理器芯片，这些产品均在稳步推进研发并走向量产的过程中。

低碳经济篇

　　随着全球气候变化和环境问题日益严重，低碳经济成为世界各国共同追求的目标。汽车在设计、制造和使用过程中，需要实现低能耗、低排放、低污染，这也为先进技术和创新理念的孕育提供全新土壤。汽车产业作为全球碳排放的重要来源之一，正面临着前所未有的挑战和机遇。

电气化、热管理与高效清洁内燃机"三驾马车"同时发力

——对话马勒中国 沈梁玉

　　中国消费者对娱乐系统、座舱舒适性等方面的要求正不断提升，汽车电子与机电一体化的需求因此持续增加。另外，随着新能源汽车渗透率的提升，热管理市场也呈现出巨大潜力。此外，内燃机市场也还有机会。于马勒而言，其将坚持"三驾马车"同时发力。这"三驾马车"指的正是电气化、热管理与高效清洁内燃机，这也是全新"马勒2030+"战略所确立的三大战略技术领域。

　　那么，对于汽车市场的诸多转变，马勒有怎样的思考？马勒是如何具体推进电动化转型的？针对三大战略领域，马勒的后续规划是什么？相关产品进展以及市场推广情况如何？2023年7月，马勒中国区总裁沈梁玉博士深度解答了这些问题。

马勒中国区总裁沈梁玉与周晓莺

周晓莺：2023 年，中国汽车市场竞争越来越剧烈，尤其现在的新车发布，大家都是讲极致的性价比，身处这个行业多年，沈博士您怎么看待现在这种竞争加剧的现象？

沈梁玉：的确，中国市场现在竞争是非常激烈的。其实也不单是汽车行业，各行业的竞争都是非常激烈的，竞争、"内卷"，诸如此类的讲法很多，整个市场就是这样。站在汽车行业汽车人的角度来看，这也是整个行业发展到一定阶段势在必行的。

什么叫"卷"？人类社会发展到一定阶段，形成了一定模式以后，又想要突破，你又有一时半会突破不了的时候，就势必会产生内竞力量，这个我们叫"卷"。在这个过程当中，势必有八国大战、十六国大战，多国大战，造成汽车行业内包括价格、技术、本地化等各方面都在互相竞争，这也是行业成长发展过程当中的一环，是必须要经过的。

周晓莺：终端市场上这种白热化的竞争，反过来是不是会让供应链上的企业感受到压力？

沈梁玉：肯定的，但是发展过程当中的竞争也好，价格方面的竞争压力也好，这些方面也不是今天才有的。我其实是见证了我们中国汽车行业的发展，在整个过程当中你会发现，最开始我们是没有产品找产品，现在是产品过多、产能过剩、竞争加剧、成本压力增大。

对于马勒集团，我们有 100 多年的历史，"持续发展"已经进到我们的 DNA 里面了，我们叫"KAIZEN"，也就是持续不断地改善。不仅是在生产工艺的流程方面，而且在创新、革新方面，本土化方面，包括跟客户的沟通方面，这些都有利于我们改进成本。因为你了解客户的需求了，就可以从综合体系、系统的角度上来改进，而不只是针对零部件，从一个零部件的角度上来改进。所以要聆听客户的心声，给客户提供有竞争力的产品，从而提供有性价比的服务，这样才能够真正地做到降低成本，帮助客户提高竞争力，我们也获得更多的市场。

周晓莺：我们看到，在中国市场，自主品牌发展还是特别快的，且在智能电动汽车领域，自主品牌的产品力是比较得到市场认可的，这其实要求现在生态链上的合作伙伴要能够跟汽车企业共创，快速地去响应。马勒作为一家全球化的公司，在这方面有怎样的一些调整和进化？

沈梁玉：全球主机厂和本地主机厂有一个很大的区别，在我们观察这个区别的过程当中，我们发现，中国消费者行为当中，是接受通过变革当中的改变来完善产品的。

成熟的全球 OEM，他们是怎么做的？他们需要有一个所谓的完美的产品以后才装到车上。而在中国的消费者行为当中，我们在享受的过程当中会探索"这里是不是能够提高一点""那里是不是能够提高一点"，这就是消费者行为的不一样。

那么为了满足中国市场的需求，马勒中国也是在响应全球的需求，包括在技术能力的基础上，在平衡他们的技术优先的前提下，我们做到更贴近中国客户的需求、中国市场的需求，这是最大的区别。我们能够走近客户，了解他的需求是什么，了解我们的中国团队，我们的创新团队，听到客户的心声，来做出一系列的调整，来满足我们中国客户的需求。

中国 OEM 在这方面做得非常出色，因为它接近客户，了解到客户的心声，能在第一时间内快速响应市场需求，反映出客户的要求。马勒中国也在这方面做出一定的调整，来适应客户的需求，来做拓展。

马勒常熟研发中心

周晓莺：其实从意识上，还有组织架构上，包括资源的配置上，都应该是更加弹性灵活，周期也会更短。

沈梁玉：没错，因为我们中国客户虽然对产品的性能表现力要求非常高，但是对我们的响应速度要求也是非常苛刻的。一辆汽车从新车型到量产到最后推向市场，在以往传统的全球主机厂的角度上，可能跨度很长，需要 3 年、5 年、10 年，中国主机厂则可能只需要 1 年、2 年，这有可能是很有挑战性的。1 年就有新车上来了，这对我们供应商来讲也有一定的要求，要求我们 24 小时、24×7 地快速响应，这样才能够领先于我们的竞争对手，也能够体现出马勒的优势。

周晓莺：马勒有非常悠久的历史，也有很好的产业积累，在从燃油汽车时代切换到现在这种电气化时代的过程中，如果去看整个供应链和产业链，它有一个存量的产业链在被打破，同时新的供应链在形成，这里面会有一些增量部件，也有一些硬件可能被集成化，或者慢慢地消失或被软件替代。马勒在这中

245

间，有哪些得与失？

沈梁玉：这是很有意思的一个问题。马勒集团有个最大的优势，就是在传统汽车领域，内燃机板块在整个市场上都是非常有名的。您可能看到，在中国市场上，内燃机相应的零部件，包括系统方面的业务，因为电动汽车的快速发展，受到了一些影响，但在全球范围内，这块业务不但没有下降，反而增加了。

所以说我们在传统汽车这部分，当其他竞争对手可能觉得这个市场没有机会的时候，我们认为这部分市场还是有机会的。我们的战略也是非常清楚的，叫"Last Man Standing"，也就是说，地球不毁灭，这个市场就存在，凡是需要内燃机方面相关的零件，马勒都能够提供。

与此同时，在电动汽车领域，我们有另外两部分业务，一个是热管理系统，另外一个是电气化及机电一体化，这两部分业务非常有意思。

热管理系统在电动汽车上的应用较传统汽车要增加 3 倍左右，可能有些人不了解，没想到电动汽车对热管理的要求会更高。但事实上，考虑到电池方面，包括对新的零件方面的要求，电动汽车对热管理系统模块的要求会更高，市场份额也会更大。

另外一部分就是电气化与机电一体化部分。前面提到消费者行为习惯，我们中国的消费者相对于传统汽车品牌所在的这些国家的消费者可能更年轻化一点，对娱乐系统、座舱舒适性方面要求更高，所以电气化与机电一体化部分也是我们发展的重点。

在全球已经可见的增量方面，我们大概有 50%~60% 的业务已经是来自这两个板块的，所以，从目前来看，这两部分业务的转型是非常成功的。

周晓莺：您刚刚提到热管理，我们最近也看到有一些数据显示，传统汽车上热管理模块的价值大概是两三千元，但是电动汽车上达到了六七千元，这个价值上涨得很快。

沈梁玉：是的，7500 元左右。

周晓莺：我们看到，马勒集团财报显示，2022 年有超过 60% 的业务是来自非乘用车的内燃机业务，这是不是一个阶段性的里程碑？

沈梁玉：可以这么说，趋势上也是这么发展的。前面提到，在内燃机这一领域，我们市场份额不但没有下降，反而在继续增长。另一方面，在非内燃机这一领域，我们也在不断地加码，比如刚才讲的热管理系统，还有电气化与机电一体化，我们之前的转型也是做得非常彻底的，所以势在必行。

周晓莺：2023 年，马勒集团发布了"2030+"战略，能否具体介绍一下这个战略的一些基本情况？

沈梁玉：我们的"2030+"战略，基本上是"三轨"，就是一个圆圈里面三个发展重点。

其中一个我们叫"defend original player"，也即内燃机业务。在这一板块，我们希望保住原来的内燃机相关的市场份额，并且拓展这部分业务。马勒在这个板块不但做传统汽车上的内燃机业务，也在做高效清洁发动机方面的业务，比如燃氢发动机业务。

我们之前有内燃机、发动机方面的产品和业务，也是我们的优势，我们可以将这方面的技术用到燃氢发动机方面，因为这些对零部件的制造也好、技术也好，要求是相当高的，我们可以利用这方面的优势来继续拓展这方面的业务，而且给客户带来更进一步的体验，因为它也能满足碳中和的要求。

另外一个是我们的热管理系统。有意思的是，它不单是在传统汽车上有应用，在电动汽车上面有更多的应用。因为考虑到电池的使用，包括更多的电子零部件的使用，对热管理的要求会更复杂、更高，所以热管理需求只会多不会少，这又是一个有增长空间的板块。

还有一个是电气化板块。这一板块也是要满足客户的需求，让客户包括消费者坐在车里能有更好的体验、更好的感受，能更高效更节能地使用汽车。

也就是说，"三驾马车"同时行进，这就是"2030+"战略，非常清晰明了。

周晓莺：而且它把马勒传统的能力很好地复用到了不管是传统业务还是新的业务上，它的底层能力是打通的。

沈梁玉：没错，这既利用好了传统的技术优势，又能够利用好我们之后并购进来的这些业务的能力，因此我们还是比较有信心的。

周晓莺：马勒的热管理其实是行业内的一块"金字招牌"了。刚刚您讲到，热管理板块未来的增长也是非常值得期待的，那么马勒在这方面有一些具体的规划吗？

沈梁玉：有的，这个是很有意思的。我在这里分享一下我们热管理系统的前世今生。

有些业内人士可能知道，贝洱公司是热管理方面的专家，有很多年热管理历史。在 2010 年，马勒公司启动了收购谈判，到 2013 年，我们已经完成了对贝洱的控股，也就是说，我们拥有了贝洱在全球的这部分综合能力；与此同时，我们建立了热管理系统方面的事业部，也就是今天大家看到的热管理事业部。另外，德尔福也有一个热管理系统的事业部，我们在 2015 年对它实现了完整的并购。

贝洱加上德尔福，两个专家合并在一起，可以说我们是站在巨人肩膀上的，这是之前的底层逻辑；之后，再加上马勒自身的综合能力、整合能力，就完整体现了我们热管理系统的底层基础。

与此同时，现在的电动汽车上有很多其他方面的要求，不单是传统的热管理系统，当谈到电动汽车方面的热管理系统时，我们也会需要一些其他的产品，例如泵等。基于此，在 2014 年，我们收购了一家公司，叫雷瑞卡，这家公司是做机电一体化的。2015 年，我们又收购了日本国产电机，这部分的主要份额也是归马勒的。

2020 年，我们又进行了一次整合，把压缩机、泵等所有相关的这些产品整合起来，就变成了我们今天所讲的电气化和机电一体化这部分业务。这两部分强强联手，优势互补。就像您说的，底层也很强，上层的建筑也是非常明晰的，完全满足了我们将来发展的需要。

马勒热管理模块

周晓莺：说到产品，我们看到马勒在开发最新的热管理模块，它能够提高 20% 的续驶里程，而且体积会更小，这方面能否再给我们详细介绍一下？

沈梁玉：站在客户的角度，我们希望汽车能够更轻量化，然后里面能够少装一点零部件，使用户能享受到更多的空间。

我们的热管理模块产品，集成了热交换器、冷却液泵、冷凝器、电池、冷却器、传感器以及阀，这一系列产品整合后，体积是很小的。与此同时，我们回收一些零件的热能，将其利用到另外一些方面，实现整个汽车里面的生态应用，可以将汽车的能效增加，续驶里程也增加，成本反而降低了。

这就是前面我提到的，我们作为整个系统的供应商，不单是看零件本身，更多的是站在怎么样给客户带来整个系统表现的优化，站在他们绩效的角度上来提供一些战略和方案，这是我们比较引以为傲的部分。

周晓莺：这其实也很符合现在我们看到的整个行业的发展趋势，因为从汽车企业的角度考虑，它们需要做出更好的产品给终端用户；在供应链生态合作伙伴方面，很强的合作伙伴可以帮它们既降低成本又不牺牲性能，甚至可以更好地提升性能。

沈梁玉：没错，这也是我们所追求的。前面提到，本土化也好，降低成本也好，我们是希望在不牺牲产品性能的基础上科学地降低成本，与此同时，又提升客户体验，也帮助汽车企业，给汽车企业提供卖点。

周晓莺：现在马勒热管理模块在市场推广方面的一些情况方便透露吗？

沈梁玉：当然可以。最开始推出的时候，也有客户问到，我们的产品通过整合，空间减少了，怎么能效反而提高了？客户向我们提了很多问题。我们是欢迎客户提问题的，有一种说法是挑货的是好客户，他们提出问题才能够帮助我们了解客户需求。

在这个过程当中，我们不但回答了客户的问题，而且更加证明了我们作为系统供应商的地位。与此同时，我们也收到了很多询价，有很多甚至提出来进一步合作，我们非常高兴，这部分得到了客户的认可。

周晓莺：其实这跟原来不太一样，原来的生态链就是大家一层一层的，就像是甲方乙方，现在的生态链越来越扁平；还有中间的这种相互学习其实也是比较重要的，因为客户不只是买一个产品，更多的是一个以产品为载体的服务，可能在热管理方面更是如此。

沈梁玉：没错，尤其在电动汽车部分。电动汽车对整个热管理系统的要求会更高，例如怎么样最快速度地降低电池的温度、怎么样保证电子零配件在整个汽车里面的稳定性等，它对热管理模块的要求会更高。站在供应商的角度，怎么样帮助客户解决头痛的问题，怎么样提供更好的能效，怎么样降低成本，这是我们能够提供价值的部分。

周晓莺：所以马勒是行业的技术专家。

沈梁玉：过奖！我们也是希望能够朝这个方向努力。

周晓莺：除了刚刚我们聊的这些领域，马勒在氢燃料电池方面似乎也有一些布局。

沈梁玉：没错，我们国家倡导碳中和，全球也在推进相关的方案，您也知道，现在极端天气越来越多，所以我们始终认为，碳中和这件事情，我们不单是在做，而且肯定是要踏实地去做。

在这个过程当中，我们希望我们的产品是对环境更加友好的，能够既高效又清洁，能够实现碳中和目标。具体到燃氢发动机零部件，我们有技术研发团队，也有技术研发能力，我们相信，不单是电动汽车，在混合动力汽车等其他车型上，我们也能够提供不同的价值。

马勒发动机部件使得在发动机中使用氢气作为燃料成为可能

周晓莺：这些产品技术其实都是跟随中国市场上的头部客户的步伐和需求的。我们前面聊到研发，它需要及时地响应，不只是速度，而且还要共创，对研发资源投入的要求应该是蛮高的，对吗？

沈梁玉：非常高。首先，在中国，我们讲"China Speed（中国速度）"，中国速度本来就已经要求很高了，体现在我们中国企业、中国的汽车行业对研发团队、研发人员的要求也很高，你要第一时间能够响应。但是就像您说的，不单是速度，更多的是能力。在这方面，马勒全球不单是口头上讲，更重要的是，我们是切实落实的，自从我们新的全球 CEO 上任以后，他非常重视中国本土研发，不遗余力地给我们支持。

到今天为止，我们在中国已经有两个研发中心，我们现在所在的是常熟的研发中心，还有一个研发中心在上海。研发中心目前有 800 多人的规模，之后也会根据市场的需求、客户的需求来做进一步的提升。这也可以说是给客户一个承诺，不单是速度方面、能力方面，也是对消费者的需求方面给出一个承诺。

周晓莺：我们再看过去几十年中国汽车产业的发展，大家会把它当成一个大市场卖产品，因为有这么大的人口基数，大家对美好生活的追求和向往，会让汽车走入千家万户。但这两年特别明显的是，中国不再只是一个市场的概念，它也慢慢变成了一个技术研发创新的前沿。从马勒的角度来看，在国内是不是会有一些比较好的模式、技术、产品、研发等，可以反过来输出到全球？

沈梁玉：这的确是一个变化点。可能在 10 年、20 年之前，诸如我们这种德国企业也好，其他国际企业也好，基本上更多的是从总部转移一些技术过来。但您会发现，现在随着本土研发团队不断地投入，包括本土年轻一代的技术力量起来了，更多的是我们的研发不断适应本地客户的需求，更多的是我们把做出来的新的产品反哺到全球，推广到全球。这也是我们引以为傲的地方。

我们之前说过"China for China"，不止如此，我们也做"China for Global"。这里面很客观的一点是，在中国市场，电动汽车我们是走在前面的，在全球范围内，我们也是走在前面的，这也就给了我们基础条件，当我们拿出在这方面先进的产品的时候，势必其他市场也能用到。

周晓莺：产品最后其实还是相通的。

沈梁玉：没错，而且客户的要求也是希望产品是更加对用户友好的，更能够提升用户体验的，所以我们本土研发团队研发出来的产品也是可以应用到其他国家的。

周晓莺：您现在领导整个马勒中国，如果往前看3年，您觉得这3年的期待是什么？

沈梁玉：这个问题比较难。之前我在开全球高层管理会议时谈到，我们有一个长期、中期和现期的战略，其中有一条讲到，2025年整个马勒会变成什么样？今天我跟同事们沟通的时候，我们也谈到了这一点。在接下来的3年，马勒有非常清晰的战略，内燃机业务、热管理系统业务、电气化与机电一体化，这"三驾马车"是非常清晰的。与此同时，在这个过程当中，我们还在不遗余力地推进一些新的技术，比如燃氢发动机的发展，还包括增加本地的研发团队，这会让我们的业务变得更适应未来。

所以，说到3年后我们这个企业会变成什么样，我觉得，在以往的历史中，我们马勒通常在行业内，包括产品线基本上是排名前三的，我们也希望能够不遗余力地继续朝这方面努力。

周晓莺：保持在这个行业领先的绝对头部的地位。

沈梁玉：没错。

周晓莺：所有的成绩其实最终还是要通过人来实现，您对马勒中国的团队有什么想表达的吗？

沈梁玉：您说的没错。之前我们提到过一点很有意思的是，什么是战略？成功的战略 95% 的决定因素来自执行，执行的 95% 来自人。所以，对我们而言，今天为什么有底气在这里说，马勒中国在未来的 3 年内会有非常光明的未来，是因为我们有一个非常强大的团队，我们有非常互信、有技术能力的团队。

我觉得，人是我们很重要的资本。如果有很好的战略，我们能将它落到实处，前提就是我们有很好的人，不单是一个人，而是一个团队，我们讲"ONE MAHLE, ONE TEAM"。

🌐 **企业介绍** ● --

马勒（MAHLE）集团成立于 1920 年，是汽车行业全球领先的开发伙伴和零部件供应商，客户群体涵盖乘用车与商用车领域。全世界每两辆汽车中，便有一辆装配了马勒的零部件。

作为一家技术创新型企业，马勒集团正致力于气候中性未来出行的实现。电气化、车辆热管理等战略领域，及其他有助于二氧化碳减排的技术，如燃料电池、可使用氢燃料或合成燃料的内燃机等，是公司当前的关注重点。

低碳减排任务
已成为重中之重

——对话海斯坦普 洛安东

开篇导语

当前，全球已就碳中和达成共识，由此激发的新能源革命进一步加速了汽车行业向绿色可持续发展转型。作为一家国际汽车零部件供应商，海斯坦普多年来已在帮助汽车企业减排，以及减少自身运营和供应链碳排放方面积累了丰富的经验。如今，它正用其所长，不遗余力地助力中国汽车企业落实"3060"双碳目标。

如何看待中国电动汽车市场发展趋势？海斯坦普为节能减排做出了哪些努力？其在研发布局方面有着怎样的逻辑？2022 年3 月，盖世汽车对话海斯坦普亚太区首席执行官洛安东（Antonio Lopez Arce），共同探寻这家汽车零部件供应商对行业和企业自身发展的深度思考与洞见。

255

——➤ 周晓莺与海斯坦普亚太区首席执行官洛安东

访谈实录

周晓莺：您如何看待中国电动汽车市场走势？

洛安东：长期来看，电动汽车替代燃油汽车是中国汽车市场发展的必然趋势。目前，中国的电动汽车不管是销量增幅还是产品性能提升都走在世界前列，且这种优势还将保持相当长一段时间。我会如此判断，不仅是根据政策大环境的激励，以及汽车企业为电动化转型所付出的努力，还因为看到许多行业领先的技术公司也纷纷入局电动汽车行业。很显然，不同类型的企业都清楚地意识到作为智能化的最佳载体和实现减排目标的主要路径，电动汽车是必争之地。

周晓莺：海斯坦普为实现"双碳"目标做出了哪些努力？

洛安东：目前，海斯坦普已将低碳减排任务视为重中之重，并已在全球范围内采取多项措施助力碳中和目标的达成。不管是作为行业重要的参与者还是有社会责任感的企业，节能减碳都是责无旁贷的。在这方面，我们的努力也得到了行业的高度认可。比如，海斯坦普入选了标普全球《2022年可持续发展年鉴》。名单中来自汽车行业的仅有6家主机厂和8家供应商。此外，公司在2022年初还获得了AENOR零废弃物认证，是汽车行业内第一家获得该认证的企业。

周晓莺：海斯坦普的产品是如何帮助汽车企业实现减排的？

洛安东：这方面主要归功于我们的轻量化产品和技术。由于车身越轻，车辆运行所消耗的能量越低，在节能减排和性能提升需求的双重推动下，轻量化理所应当地发展成为必然趋势。海斯坦普志在引领轻量化技术发展，为此，多年来坚持不懈地打造更轻量化的组件，对轻量化的追求已渗入全部三项产品系列（白车身、底盘、机构件）。

海斯坦普轻量化车身件

周晓莺：在降低自身运营排放方面，海斯坦普采取了哪些措施？

洛安东：公司在减少碳足迹方面也投入了大量精力。除不断改进技术提高生产效率外，合理妥当地处置废弃物也是海斯坦普一直在研究的课题。另外，海斯坦普还致力于运用清洁能源降低自身碳排放，目前已开展多个光伏发电项目。

周晓莺：海斯坦普在轻量化研发方面投入资源的占比大概是多少？主要的技术路径是什么？

洛安东：很难给出一个具体数字，目前海斯坦普绝大多数的研发项目都和轻量化相关。汽车轻量化并非是单纯地减少车身和零部件的重量，它应该是个系统工程，在保证产品质量和控制成本的前提下，通盘考虑与设计、材料、工艺相关的所有环节。在材料方面，海斯坦普使用的是一个多材料合成方案，既有铝的应用，也有碳纤维的应用。我们还创新研发了一体式热成型门环技术，可将多个单体零件集成为一体，大大减少了整车厂的焊接工序。

周晓莺：可以介绍下海斯坦普的电池盒业务吗？

洛安东：海斯坦普的业务目标之一就是要帮助客户打造更为安全的汽车，而发展电池盒业务的初衷和该目标是吻合的。如今，电动汽车的市场规模增长迅猛，消费者对动力电池安全极为重视。作为动力电池的承载体，电池盒的质量对动力电池的安全意义非凡。

海斯坦普电池盒

海斯坦普发展电池盒业务并不是心血来潮，而是实实在在地投入了很多研发资源。我们的电池盒产品满足与碰撞有关的高安全标准、与事故和排放相关的具体法规及密封要求。此外，海斯坦普还从材料层面进行创新，提供了包括铝制电池盒等在内的多种解决方案，并将各种总成技术结合起来，在确保强度和密封效果的同时，兼顾了轻量化的效果。

周晓莺：在汽车行业向电动化转型的过程中，新技术发展趋势总是层出不穷，您认为企业应该如何对待这种变化？

洛安东：行业的变化总是牵一发而动全身，有时我们还摇摆于持续高研发投入与优先企业盈利之间时，产业变革大趋势却已不再允许我们止步不前。毕竟客户要卖车，它们为了吸引更多消费者也要不断地推陈出新，自然而然就会对供应商提出更多新要求。在这个过程中，供应商必然面临诸多挑战，但同时也充满了机遇。越过这道关卡，企业将为自身发展和盈利获得更多上涨空间。

周晓莺：造车领域不停地涌入新的玩家，尽管初期的体量不大，但是经常会推出一些新鲜的产品和技术。您认为这个现象会如何影响汽车供应链？

洛安东：与这类客户合作，挑战肯定不小，尤其是在资源管理方面。首先，许多工序，比如模具制作得重新安排。另外，相对于传统汽车企业来讲，此类合作方的订单量一般都不大，等产品进入量产环节，规模经济效应也会大打折扣。

周晓莺：您认为在跟此类主机厂合作时需要做出哪些调整？

洛安东：效率和灵活性是两大关键因素。随着新需求越来越多，企业必须在内部建立一套高效的反应机制，灵活地根据客户需求调整已有的技术方案或开发新方案。此外，还得精打细算，衡量如何在满足新需求的同时保证公司的盈利正增长，需要持续不断地优化成本控制体系。

周晓莺：近年来，不少国际汽车企业和供应链企业持续加大在华投资力度，纷纷在中国设立设计／研发中心，甚至将部分业务的全球研发总部转移至中国。您如何看待这一趋势？

洛安东：企业的发展应是一个不断权衡投入与回报的过程，研发投入需要根据客户的需求有针对性地进行布局。只要客户有需要，我们就会想方设法提供支持。海斯坦普在中国已有两家研发中心，分别位于上海安亭镇和昆山千灯镇。其中，安亭研发中心到目前为止已经运营了五年，而在它投运之前，公司也已经开展了本土的研发工作。

周晓莺：海斯坦普在 2022 年 1 月发布了中文品牌标识，这表明了贵司对中国市场怎样的期盼？

洛安东：中文品牌标识的发布表明海斯坦普在中国已经很好地完成了本土化，将"在中国，为中国"的理念刻入公司的 DNA，并决心进一步提升在中国市场的竞争力。在不丢掉集团历史传统的前提下，海斯坦普"入乡随俗"，将很多中国的文化元素融入公司日常运营当中，且在供应链方面，也加大了与本土企业的合作力度。

周晓莺：当客户提及海斯坦普，您希望听到怎样的评价？

洛安东：我希望他们会称海斯坦普是一家"技术过硬的""产品性价比高的""可持续发展的"企业和一个"靠谱的"合作伙伴。

企业介绍

海斯坦普是全球排名前 30 的汽车零部件集团，总部位于西班牙马德里。公司致力于汽车白车身系统、底盘系统、电池托盘系统、门铰链系统、电动行李舱门系统等产品的设计开发和制造，旨在打造更轻量化、更安全的车辆，为客户提供低碳化的解决方案。海斯坦普目前在 24 个国家设有 100 多个制造基地、13 个研发中心，员工数量超过 4 万名。

海斯坦普于 2007 年进入中国，至今已在沈阳、北京、天津、武汉、重庆、昆山、东莞等地设有制造基地，其亚太区总部及研发中心位于上海。

可持续发展是我们
脱颖而出的最重要因素
——对话道默化学 Yves Bonte

在汽车轻量化的发展诉求中，"以塑代钢"成为重要趋势之一，其中，作为五大工程塑料之首的聚酰胺（即尼龙，英文缩写为 PA）材料凭借着出色的耐高温性能，广泛应用于传统燃油汽车的动力总成系统以及冷却系统等部件中。随着汽车电气化进程的加快，对尼龙材料的需求也更高更多，特别是将尼龙作为结构性材料，对其强度、耐热性、耐寒性等方面都提出了更高的要求。

在此背景下，尼龙材料将迎来怎样的发展前景？较之传统燃油汽车，新能源汽车对尼龙材料的应用又提出了哪些新要求？创新与可持续发展，如何"既要、又要"？2023 年 3 月，全球领先的尼龙材料制造商道默化学全球首席执行官 Yves Bonte 在对话中就上述问题以及道默化学本身在尼龙材料领域的布局展开了一番详谈。

———> 道默化学全球首席执行官 Yves Bonte 与周晓莺

访谈实录

周晓莺：首先，能否请您简单介绍一下道默化学，让我们对贵公司有一个更好的了解。

Yves Bonte：道默化学成立于 1992 年，当时掌管公司的家族宣布在德国购买了一家己内酰胺工厂，然后他们在这座工厂内新添了聚酰胺 6 合成生产线。自 1992 年以来，公司在全球范围内不断发展壮大。今天，我们有大约 10 个生产基地，在欧洲我们有重要的生产站点，在中国也有生产基地，在印度、美国也都有。

周晓莺：道默化学是一家国际化公司，拥有全球化布局。但不同的市场情况各有不同，包括政策、经营环境甚至是行业发展的步伐都有差异。如何去平衡并处理这些差异、实现协同发展？

Yves Bonte：的确如此，道默目前已在全球 9 个国家和地区设有工厂和客户服务中心。事实上，这是我们增长战略的一部分，我们希望成为一家非常多元化的公司，能够根据客户当地的情况调整我们的生产和服务。当然，我们在全球拥有强大的影响力，同时也支持这种国际多样性。

周晓莺：过去 3 年对每个个体和公司来说都非常艰难。汽车行业也面临着诸多挑战，例如疫情、芯片短缺、成本上涨以及地缘政治紧张局势，甚至还有战争。您认为这对全球供应链有何影响？

Yves Bonte：的确如此，过去 3 年在许多不同方面都充满挑战，特别是供应链受到不同因素的影响，例如疫情、芯片短缺、运输能力不足、港口拥堵，等等。此外，一年前，俄乌局势的升级彻底改变了能源供应状况，欧洲首当其冲。能源供应是我们必须处理的另一个挑战。

因此，我们必须迅速采取行动，从供应链的角度应对这些新挑战。幸运的是，在道默，敏捷性和灵活性一直是我们的核心竞争力之一。得益于我们的敏捷性和灵活性，我们能够非常迅速地适应这种新形势，甚至可能比我们的一些竞争对手还要快，从而确保我们能够从不同地区、不同国家获取原材料，能够找到原材料短缺的解决方案，能够将生产转移到另一个地方。当然，我们也很快就了解了能源和能源管理的方方面面。得益于我们的员工，得益于我们的敏捷性和灵活性，我认为我们能够迅速对市场做出反应，并继续以非常稳定的方式为客户提供服务。

周晓莺：这很难做到，对吗？

Yves Bonte：是的，非常不易，但它符合公司的承诺，让我们加倍努力。在很多情况下，挑战也会带来机遇，挑战与机遇是并存的。与此同时，我们也为这些机遇做了很多努力。

周晓莺：在此过程中，有什么事让你印象深刻吗？

Yves Bonte：我认为让我印象最深刻的，当然还是我们的国际业务，特别是中国业务的表现，这使我们在非常困难的情况下仍继续经营。疫情期间，人们被隔离在家，足不出户，我们也无法从总部来到中国给予当地的同事以支持。

基本上，当时中国的一些实体企业都暂时关闭了，有些企业通过远程办公仍在运营。但令我惊讶的是，一切都很顺利，即使没有总部的直接支持。这充分显示出本土员工的努力和力量，让公司继续运转，这对我来说印象非常深刻。现在故地重游，看到在过去 3 年艰难的环境下取得的成绩，令我惊叹。

周晓莺：很高兴能听到您这样说，因为那段时间我们的确经历了很多。当时，汽车行业的从业人员实际上在尽一切努力，使汽车市场仍然蓬勃发展。过去3年，我们取得了很多成就。

Yves Bonte：我也很高兴，能在这段艰难的时期，检验公司的优势和劣势。在艰难、有压力的时刻，你确实能对公司和组织有更深的了解和认识。我认为对于我，作为一个公司的CEO，能真正了解并展现出我们的优势，是很重要的，所以这实际上是一个"学习"的过程，尽管我们面临着诸多挑战。

周晓莺：我们看到汽车行业正在向新能源、新技术和新材料快速转型，您如何看待新能源汽车市场的快速发展和未来趋势？

Yves Bonte：我认为这对像道默化学这样的公司来说是一个绝佳的机会。我们大约50%的业务和产品都服务于汽车行业，因此，汽车行业是我们业务极其重要的组成部分。

同样，从内燃机向电动汽车的转变也是一个巨大的机遇。它让我们思考如何创新，如何将新产品推向市场，如何在与竞争对手的竞争中脱颖而出，以及如何比竞争对手做得更快、更好、更便宜。我认为这很重要。

我们将它看作一个机会。当然，我们需要非常努力地工作，因为汽车行业的要求非常严苛，但与此同时，它也给我们带来机会，告诉我们能做什么、能开发什么样的产品，以赢得消费者。

周晓莺：相比于燃油汽车，电动汽车对尼龙材料提出了哪些新要求？

Yves Bonte：此前，尼龙材料大量用于汽车发动机周边，因为发动机是能量来源，会释放热量，而尼龙最典型的特点就是耐高温。现在电动汽车中不再有石油能量来源，但也对尼龙提出了新要求。由于尼龙的机械性能，以及耐化学性，其成为电池外壳及冷却系统的首选材料。电池容量越大，电压越高，电池的冷却系统就需要越优秀。

所以我认为，我们真的在努力改变材料的性能，来支持这些新的应用，例如电池冷却系统。不过，道默在电子电气行业有着丰富的经验，因此我们以前就有阻燃材料。而现在我们可以将从电子电气行业获得的关于阻燃的经验，以及所有知识应用到电动汽车上，因为电动汽车同样需要电动元件和阻燃材料。我们可以将过去几十年在电子电气行业的专长移植到汽车行业。

周晓莺：这的确是一个优势。

Yves Bonte：是的。

周晓莺：现在我们来谈谈创新。创新是所有公司跟上新趋势的关键驱动力，道默怎么看待创新？

Yves Bonte：我们公司有四大战略支柱，实际上，其中之一便是创新。创新是我们顶尖战略的一部分。这显然意味着，首先，我们会非常认真地听取客户的意见，我们将与客户讨论，在未来 3~5 年，他们对新的应用和创新的期望。然后，我们将客户的期望转达给研发人员，以开发相应的解决方案。

我们每年都进行新的投资，这是一种很重要的意识，以确保我们能够持续响应客户的要求。例如，我们有 3D 应用程序，可以为客户制作新产品的原型。所以很快，客户就能看到他们想要的汽车新产品的原型。三维成型非常好用，能帮助我们很快进入生产模式。总之，我们必须能够很快地做出反应，例如将汽车中的金属部件替换为尼龙部件，并且是以一种很快的方式，因为我们能够建立新应用的原型和模型。

周晓莺：因为您提到"快"，我联想到中国市场的速度，尤其是我们的电动汽车市场发展得十分迅速。这对一家跨国公司来说是一个挑战吗？

Yves Bonte：我认为有中国这样的国家引领电动汽车的发展是非常棒

的。中国电动汽车市场的发展令人惊叹，其在电动汽车发展方面发挥的领导作用是非常了不起的。中国电动汽车的发展盛况目前在其他地方还看不到，这确实显示了中国在新能源方面的领导力。对我们来说，很高兴能处在电动汽车发展的源头，见证中国在电动汽车方面的引领。因此，扎根中国对我们来说是一个很好的机会。

周晓莺：听说道默刚刚在浙江海盐开设了新工厂，海盐新工厂的定位是什么？将发挥什么作用？

Yves Bonte：海盐新工厂的建立，意味着我们在本土有了一个新的生产基地，它将供应亚洲以及全球客户，同时也将为在中国开展业务的全球客户提供产品。新工厂将成为我们的制造业中心，增加道默在中国以及亚洲聚酰胺市场的竞争力。

海盐新工厂奠基仪式

周晓莺：中国市场在道默全球业务中扮演着怎样的角色？

Yves Bonte：当前，道默的重心依然在欧洲，毕竟欧洲是公司的起源地。但在中国市场，您可以清晰地看到我们的增长速度，多年来我们一直经历两位数的增长。因此，我们最强劲的增长其实是在中国，公司的未来和最强劲的增长机会也在中国。这也是我们在中国新建工厂的原因，以便能够继续为我们的客户提供服务。

周晓莺：展望未来 3~5 年，您对中国市场有何期望？

Yves Bonte：我希望，我也确信，我们将继续在中国市场以两位数的增速增长。所以我们现在正在中国建造一座年产能最高达 5 万吨的工厂。我希望在未来几年，我们能完全消化这种产能，甚至有空间去进一步消除工厂的最大产能瓶颈。我也相信我们能将这个好成绩推广到所有的生产基地，甚至是所有国家。实际上，我们希望在中国，在这个全球增长最快的汽车市场，拥有非常强大的生产足迹。

周晓莺：道默拥有全面整合的尼龙 6 和尼龙 66 产品系列，尼龙 6 和尼龙 66 产品有何不同？各自的市场应用情况如何？

Yves Bonte：PA66 产品略优于 PA6 产品。PA66 具有一定的耐高温性和较高的机械阻力，但举例来说，PA6 具有更好的抗冲击性能。这两种产品非常接近，但物理参数略有不同。所以通常，我们会和客户一起，根据应用情况、产品的设计等为客户提供选择。而为客户提供机会、帮助客户做出正确的选择，也正是道默化学的优势所在。

周晓莺：两种产品在价格上有差异吗？

Yves Bonte：两者的价格之间略有差异，当然这取决于产品的设计。总的来说并没有太大的区别。

周晓莺：这取决于规模经济，对吗？用户越多，价格越低？

Yves Bonte：是的，我们更经常称它们为"全球工程材料"。我认为这两种产品的原材料来源基本足够，产能也基本足够。所以我不认为它们会因为某种其他产品的稀缺而出现任何重大的价格变动。我认为它们的长期供应是有保障的，供应链从长期来看运行良好。

周晓莺：如今，大家都在谈论碳中和，可持续发展对每家公司来说都变得越来越重要。可持续发展也是道默的愿景之一是吗？

Yves Bonte：是的。可持续发展是我们的四大战略支柱之一，前面提到的创新也是。三年前我们启动了一个全球项目，名为"DOMO Beyond"，它为我们定义了未来几年的可持续发展路线图。我们已经明确设定了 2030 年和 2040 年的目标，当然，道默希望到 2050 年完全实现碳中和。到 2030 年，我们希望较 2019 年减少 40% 的碳排放量，到 2040 年减少 80% 的碳排放量。此外，我们还要将可持续产品增加一倍。当前，我们产品组合的 10% 是基于回收聚酰胺的，到 2030 年，我们希望有 20% 的产品组合基于回收聚酰胺。这些只是"DOMO Beyond"可持续发展路线图的几个例子。

周晓莺：道默采取了哪些行动以促进可持续发展？

Yves Bonte：我们之前和 Hynamics 建立了合作关系，到 2027 年，我们在法国的一家工厂将投产，届时将生产我们制造 PA66 所需的所有氢气。所有氢气都将通过低碳方式生产，因为能源都是从废弃材料中得到的。另外，我们在中国的新工厂也将由太阳能供电，我们将在屋顶上配备太阳能电池板；新工厂的供水系统也将实现闭环，所以我们不会浪费水资源。我们还将采用特殊的处理技术处理工厂的废气和空气。所以从环境的角度来看，新工厂将成为领先的环保设施之一。

周晓莺：为什么可持续发展如此重要？

Yves Bonte：因为这对我们来说也是区别于其他公司的一个重要特点。我相信，如果你能研发出可持续的解决方案，并为你的客户提供可持续的解决方案，客户就会觉得你对可持续发展是认真的。而可持续发展就是未来。所以我们想确保，我们能与客户一起，共同打造可持续发展的未来。

 企业介绍

道默化学总部位于比利时根特，是一家为汽车、消费品、工业品、电子电气行业提供聚酰胺工程材料解决方案和服务的领先生产商。得益于公司的上下游一体化产业链，道默化学还服务于农业、化工、制药、纤维和纺织行业。公司完整的聚合物产品和服务组合包括化学中间体、树脂、工程塑料和高性能纤维；最知名的部分品牌包括 TECHNYL® 工程材料、STABAMID®PA66 原生料、DOMAMID®PA6 原生料、NYLEO® 聚酰胺 66 纤维和 TECHNYL®4EARTH 可持续聚酰胺。

道默在全球十多个国家地区拥有工厂 / 客户服务中心，拥有约 2200 名员工，致力于利用先进技术和对消费者需求的深入分析来提供可持续的创新解决方案。